本书获南京大学"双一流"建设
文科中长期研究专项资助

西北政法大学新闻传播学国家级（省级）
一流专业建设经费资助出版

海外学术出版史译丛 | 主编 杨金荣 王立平

文字的世界：耶鲁出版史

〔美〕尼古拉斯·A.巴斯贝恩 著

王立平 译

南京大学出版社

图书在版编目（CIP）数据

文字的世界：耶鲁出版史 /（美）尼古拉斯·A.巴
斯贝恩著；王立平译. —南京：南京大学出版社，
2022.3
（海外学术出版史译丛 / 杨金荣，王立平主编）
书名原文：A World of Letters：Yale University
Press，1908－2008
ISBN 978－7－305－25105－4

Ⅰ.①文… Ⅱ.①尼…②王… Ⅲ.①出版社—史料
—美国 Ⅳ.①G239.712.9

中国版本图书馆 CIP 数据核字（2021）第 253518 号

A World of Letters：Yale University Press，1908－2008
Nicholas A. Basbanes
© 2008 by Yale University
Originally published by Yale University Press
Simplified Chinese Edition Copyright © 2022 by NJUP
All rights reserved.

江苏省版权局著作权合同登记 图字：10－2019－198 号

出版发行 南京大学出版社
社 址 南京市汉口路 22 号 邮 编 210093
出 版 人 金鑫荣
丛 书 名 海外学术出版史译丛
丛 书 主 编 杨金荣 王立平
书 名 文字的世界：耶鲁出版史
著 者 [美]尼古拉斯·A.巴斯贝恩
译 者 王立平
责 任 编 辑 邵 逸
照 排 南京紫藤制版印务中心
印 刷 徐州绪权印刷有限公司
开 本 635×965 1/16 印张 12.75 字数 160 千
版 次 2022 年 3 月第 1 版 2022 年 3 月第 1 次印刷
ISBN 978－7－305－25105－4
定 价 96.00 元

网 址：http://www.njupco.com
官方微博：http://weibo.com/njupco
官方微信：njupress
销售咨询热线：(025)83594756

总　序

　　一百余年前，踌躇满志、意气风发、学成归国的新青年，高吟荷马诗句："如今我们已回来，你们请看分晓吧。"（You shall see the difference now that we are back again.）他们借诗言志，抒发他们建设国家、舍我其谁的豪情，其志其情，至今令人难忘。新文化运动健将北京大学教授胡适就是其中的代表。他1917年学成回国，从上海登岸，在申城待了十余天，特别花了一整天时间调查了上海的出版界，发现简直没有几本书可以看的，无论是研究高等学问的书，还是旅途消遣的书。中文书出版状况如此，英文书出版更是如此。

　　一百多年前，站在学术文化思潮前沿的新文化运动领军人物何以如此关注当时的中国出版呢？

　　新文化运动催生了一批竞相绽放的出版物，其最重要的意义是为中国革命和中国社会的转型与进步做了重要的思想铺垫，陈独秀创办的《新青年》为中国共产党的成立做了思想的动员，由此改变了中国历史的进程。出版与新文化运动相伴而生，出版之于思想解放与文化学术建设的意义不言而喻。

　　新文化运动健将们倡导白话文，引进新式标点，推动分段标点本的白话小说出版，这些都对中国出版的现代化产生了积极的影响。他们也是当时中国出版的学术智囊与思想智库。他们不遗余力地为学术出版发展贡献自己的识见，从设备、待遇、政策、组织四层面，提出改进意见；又借力于中华文化教育基金会编译委员会,支持翻译出版世界学术名著,倡言出版人必须有"笔力",懂"时事",具"远识",探索中国出版由传统向现代的转型。

中国是文明古国,是出版的故乡。肇始于中国的造纸术、印刷术,为人类文明之火播薪助燃,也造就中国千年不绝刻书业的繁荣,这是中国文化维系不坠的内生力量。和中国文明一样,中国的出版文化也曾经独步世界,引领风骚。欧洲人文主义的再生与理性主义的复苏,与伴随产业革命的技术进步相叠加,渐渐改写了世界出版业的格局,曾经领跑世界的中国出版优势不再,这既是晚近中华帝国科技文化落后的折射,也是传统出版业缺乏现代性的表征。因此,一百年前,在传统中国转向现代中国的进程中,无论是业界的商务印书馆编译所所长高梦旦,还是学界的北京大学教授胡适之,他们都意识到中国出版需要"再造文明"。但整个 20 世纪的前半叶,战乱频仍,社会缺少出版文化枝繁叶茂的土壤。中华人民共和国成立后,出版进入新的时代。特别是改革开放以来,学术研究回归常态,出版迎来了前所未有的荣景,科技、教育、文化的振兴,统一的文化市场,巨大的文化消费潜力,合力助推中国成为名副其实的出版大国,但距离成为出版强国,依然还有一段旅程要走。

新千年以来,建设文化强国上升为国家战略,写进了中央政府工作报告。以世界出版之"强"观照中国出版之"大",助力以出版建设文化强国是其时矣。本着循果以推因的"历史的方法",我们组织了"海外学术出版史译丛",希冀作为比照的"样本",为中国出版做大做强,走向世界,提供有益参照。

海外学术出版史的书写形态,不外乎呈现"海外学术出版学科的历史","关注海外出版人物的历史"和"研究海外学术出版机构的历史"。由于出版学还不是一级学科,对于海外出版学科的体系性、学科的历史和阶段性特点,研究还很不充分,选择"海外出版学科的历史",不免勉为其难;海外学术出版人物的历史,专注于出版人个体,虽可深入出版人内心的世界,有具体的历史情景,但放眼域外学术出版的大历史,又不免见木不见林;海外学术出版机构史,是人格化的学术出版人史,可以考察个性化的学术出版思想文化的源流与演变,为明海外学术出版之变,提供了自成体系的样本,颇具可借鉴性,可以批判地吸收。有鉴于此,我们选择一批历史悠久的海外学术出版机构,以了解海外出版人的出版理想、经营哲学、规制文化、品牌策略、国际化路径等等,为学术出版的比较研究提供史料,为学术出版实践探索提供镜鉴。例如,学术图书出版同行匿名评审制度,一直是可以攻玉的他山之石。尽管中国学术图书出版同行匿名评审也曾有迹可循,现代学术史上人尽皆知的陈寅恪为冯友兰《中国哲学史》纳入清华丛书出版提交的审查报告,堪称显例,但这一传统没有很好的赓续承继,现今,学术出版借助学位论文机器查重者有之,有关学术出版物的贡献、创新、竞争性诸要素的第三方匿名意见多付之阙如,这不能不说是中国学术出版规范建设亟须完善之处。"海外学术出版史译丛"在这方面或可提供具体而微的参照。

走向世界的中国学术出版,正越来越多地受到海外学术出版界的关注。中国出版在世界出版的视野中正越来越具有显示度。把中国学术、中国故事、中国价值、中国话语体系更多地通过出版走向海外,这是自今以后中国出版人的责任,而如何避免方法上、路径上少走弯路,就不能不关注海外学术出版的现在,了解海外学术出版的过去,从而汲取一切有益于强基中国学术文化出版事业的养料,为我所用。"三人行,必有我师焉。"放眼世界出版,无论是像施普林格、博睿这样的国际学术出版集团,还是像耶鲁、剑桥这样的大学出版体,其学术出版史不仅属于他们自身,也是世界学术出版史的一部分,如果能对中国学术出版同行有所启迪,组织翻译出版本译丛的初衷也就达到了。

中国正由出版大国向出版强国迈进,待到中国真正成为学术出版强国之日,中国学术、中国话语游刃有余地在不同区域、不同国家向不同群体受众,以不同出版方式传播时,中国出版人也可以像一百余年前新文化运动的先辈一样,大声说一句:我们来了,且看分晓吧!

是为序。

杨金荣

2021 年 12 月于南京大学出版研究院

目　录

前　言

　　耶鲁大学出版社创立百年之际,世界各地的学术出版机构正忙于寻找新的经营模式,以应对所谓的全行业危机,保持稳定发展。而这种面临危机的经营模式正是所有学术出版机构长期使用的。近年来,伴随传统出版被"电子出版"所取代,这种前所未有的发展导致整个图书文化概念成为一个引发无数猜测的话题,大学出版社在 21 世纪所扮演的角色已经成为一个热门话题。

　　在计算机技术发展的长期影响下,图书出版的核心市场正在被侵蚀,学术型与研究型图书馆不再购买曾经定期订购的书籍——曾经哪怕是最艰深的专著也能售出的可靠渠道如今不复存在。这引起了人们的极大关注。此外,独立书店在不断消失,学术期刊价格的暴涨迫使人们削减购买图书的预算,网络零售商逐渐控制了图书零售,这些因素都以各自的方式对学术出版产生了不断蔓延的影响。

　　若要了解人们这种普遍忧虑的程度,只需阅读 2007 年 7 月发布的报告——《数字时代的大学出版》(*University Publishing in a Digital Age*)①。该报告由牛津大学出版社美国分公司前总裁劳拉·布朗(Laura Brown)和一家专注于高等教育、科技的非盈利性研究与咨询组织——伊萨卡(Ithaka)共同发布。作者称,该报告对通过对多家美国大学出版社进行调查收集而来的资料进行了"定性评估",还收入了对大学出版社负责人、图书管理员、教务长和其他行政人员的采访。他们的研究表明,大学出版社正在经历一场转型,即大学出版社"与其所在大学的核心活动和使命的联系越来越少"。为了阻止这种令人不安的趋势,报告的作者倡议,大家共同承担大部分出版社无法独立承担的技术和营销职能,这将减少出版社对传统图书出版的依赖。

---

① 《数字时代的大学出版》又名《伊萨卡报告》(*Ithaka Report*),报告由劳拉·布朗、丽贝卡·格里菲斯(Rebecca Griffths)、马修·拉斯科夫(Matthew Rascoff)撰写,凯文·古思里(Kevin Guthrie)撰写前言,该研究由伊萨卡和在线学术期刊数据库 JSTOR 两家公司赞助。报告全文可在伊萨卡公司网站 ithaka.org 免费阅读。关于很多人眼中的学术出版"危机",相关概述可参见彼得·吉夫勒(Peter Givler):《美国的大学出版》("University Press Publishing in the United States"),收录于理查德·E. 阿贝尔(Richard E. Abel)和莱恩·W. 纽林(Lyman W. Newlin)主编:《学术出版:20 世纪的图书、期刊、出版商和图书馆》(*Scholarly Publishing: Books, Journals, Publishers, and Libraries in the Twentieth Century*),纽约:威利出版公司(Wiley),2001 年,页 107 - 120。为深入了解这一问题可参考:威尔·尼克松(Will Nixon):《大学出版社的起起落落》("University Press: Highs and Lows"),《出版商周刊》(*Publishers Weekly*),1989 年 9 月 23 日,页 20;埃里克·布莱恩特(Eric Bryant):《重塑大学出版社》("Reinventing the University Press"),《图书馆杂志》(*Library Journal*),1994 年 9 月 1 日,页 147 - 149;菲尔·波乔达(Phil Pochoda):《大学出版社》("Universities Press On"),《国家》(*Nation*),1997 年 12 月 29 日,页 11 - 16;凯伦·J. 温克勒(Karen J. Winkler):《学术出版社寻求通过互联网来保存学术专著》("Academic Presses Look to the Internet to Save Scholarly Monographs"),《高等教育纪事》(*Chronicle of Higher Education*),1997 年 9 月 12 日,A18 版;克里斯托弗·谢(Christopher Shea):《一家受人尊敬的小型大学出版社极力反抗被解散的命运:阿肯色州的争论凸显学术出版面临的经济困难》("A Small, Respected University Press Fights Off a Push to Eliminate It: Arkansas Debate Highlights the Economic Difficulties of Academic Publishing"),《高等教育纪事》,1998 年 4 月 17 日,A16 - A17 版。

尽管没有指名道姓，报告作者称"大学出版社存在的必要性在一些机构正在被质疑"，各地的大学管理人员"希望校园的其他机构（通常是图书馆）来承担数字化内容出版的相关任务"，还有一些人则在重新考虑出版社的管理与运营方式。当然，这种焦虑很大程度上都源自很多出版社需要"稳定的经费保障"或缺乏经费，特别是"因为市场对传统图书产品的需求下降，管理者对出版社的补贴减少了"的情况。

　　为了强调后者，《伊萨卡报告》指出，在美国 88 家大学出版社中，53 家大学出版社对这项调查做出了回应，其中 72％的出版社称他们所在的大学允许他们"亏损经营"。考虑到未回应的 35 家大学出版社几乎都是小型出版社（受访者的身份列在附录中），并且报告明确指出"大型出版社的经营状况通常比小型出版社更好"，可以推测，每年近 85％的大学出版社处于亏损经营状态。

　　考虑到上述所有因素，报告的作者提出了以下问题："如果这些大学出版社仅仅继续目前的经营模式，十年之后还有多少大学出版社能够参与作者资源的竞争或满足消费者对在线学术信息的需要？答案是：'极少数。'"在此基础上，报告预测："未来的出版将完全不同于现在。"作者将此描述为"关键时刻"，并进一步指出："学术出版未来将需要以新的或更复杂的方式来创新内容，包括定期更新的参考资料、多媒体项目及定期添加新作品的大型互联中心和由用户生成内容的各种资源等。"

　　也许正是因为《伊萨卡报告》的大胆和尖锐，整个出版界都在仔细审视这份报告。对于那些关注过去几十年变化的人来说，其提出的结论大多并不令人惊讶。事实上，正是出于这个原因，我很高兴在耶鲁大学出版社成立百年之际来撰写它的历史。30年来，我先是在马萨诸塞州的一家报纸担任文学编辑，之后做专栏作家和自由撰稿人，一直在撰写有关图书和图书文化的书籍。迄今，我已出版七部作品，这些书描绘了无比迷人的图书世界的方方面面。正是因为有此机缘，受邀走近我心目中世界上最杰出的学术出版机构之一时，我无法拒绝。了解这家出版社如何在艰难的环境中生存并蓬勃发展的机会，对我来说实属不可多得。

《伊萨卡报告》的作者指出："稳定的经费保障"对学术出版至关重要。2007年耶鲁大学出版社的经营状况良好，而盈利已成为耶鲁的年度预期。虽说耶鲁大学出版社长期健康的财务状况令人印象深刻，但更值得关注的是这些收益让其得以实现的出版目标——这也是本书的关注重点。

"耶鲁大学出版社有一段特殊的历史，"过去三年我为写作这本书采访了许多人，其中的一位受访者在启动这一项目时告诉我，"我们正在引领一种新的大学出版方式。"我从没想过这段历史会这样有趣，更没想相关人物的经历会如此迷人。然而，尽管我对耶鲁大学出版社所取得的成就极感兴趣，但值得一提的是，我仍然是一个局外人，而且让我渴望参与这个项目的众多原因之一是，出版社承诺提供我需要的一切资料，并给予我阅读任何所需文件或记录的权限。令人欣慰的是，我拿到了我所要求的每份文件，我想要采访的每个人都能接受采访，而每一次访谈都卓有成效，对我有所帮助。在这方面，我希望向耶鲁大学出版社过去和现在的所有工作人员表示感谢，他们给我提供了诸多鼓励和帮助，尤其是约翰·唐纳蒂契（John Donatich）、约翰·雷登（John Ryden）、詹妮斯·塞雷斯（Janyce Siress）、劳拉·琼斯·杜利（Laura Jones Dooley）和莎拉·克拉克（Sarah Clark），还要感谢研究生卡罗琳·凯利（Caroline Kelley），在项目启动的最初几个月里，她在斯特林纪念图书馆（Sterling Memorial Library）为我找到的资料对这个项目有很大的帮助。

耶鲁大学的校训是"光明和真理"（*lux et veritas*），这一信仰与耶鲁大学出版有着特殊的联系，因为后者的目标就是创造一个永恒的文字世界。祝愿耶鲁大学出版社的下一个百年同样光彩夺目，同样丰富多彩。

第一章 创立时期

　　作为一种特殊的出版机构,大学出版社在全球范围内源自两种截然不同的背景。当然,其中最德高望重的当属英国的牛津大学出版社和剑桥大学出版社。这两所大学开展出版业务的历史都已超过 500 年,而且其出版社创立的时间和威廉·卡克斯顿(William Caxton)及其追随者最早在英国创办印刷所的时间相近。最早以大学名称出版图书的是牛津大学出版社,其1478 年出版了一篇由杰罗姆(Jerome)撰写的关于《使徒信经》(Apostles' Creed)的晦涩评论。[①] 该书由侨居英国的德国印刷商西奥多里克·路德(Theodoric Rood)印刷,到 1484 年,他共为牛津大学印制了 17 本图书。尽管初创时期硕果累累,但在之后的一个世纪,牛津大学的图书印制却毫无计划且断断续续,并未形成一套惯例。直到 1586 年,在牛津大学校监、伊丽莎白一世的宠臣莱斯特伯爵(Earl of Leicester)的强烈要求之下,星室法庭(Star Chamber)[②]颁布一项法令,确认牛津大学拥有印刷书籍的特许权。35 年后,该大学获得王室许可,可印制和销售

---

① 有关牛津大学出版社的历史和背景参见尼古拉斯·巴克(Nicolas Barker):《牛津大学出版社和知识传播》(*The Oxford University Press and the Spread of Learning*),牛津:克莱登出版社(Clarendon Press),1978 年;有关剑桥大学出版社,参见大卫·麦基特里克(David McKitterick):《剑桥大学出版史》(*A History of Cambridge University Press*),3 卷,剑桥:剑桥大学出版社,1992—2002 年。
② 星室法庭由中世纪国王的顾问会演化而来,由法官和顾问组成,是普通法法院常规司法的补充。——译者注

钦定本《圣经》，这是一项特别的让步，它保证了未来几个世纪的出版收益，并带来了长期持续的发展，弗朗西斯·培根爵士（Sir Francis Bacon）的《学习的进步》（*Advancement of Learning*，1605）、约翰·史密斯上校（Captain John Smith）的《弗吉尼亚地图》（*Map of Virginia*，1612）和罗伯特·伯顿（Robert Burton）的《忧郁的解剖》（*Anatomy of Melancholy*，1621）等早期成果都是其最瞩目的成就。1521年成立的剑桥大学出版社也被王室授予了类似许可。不久之后，剑桥便出版了约翰·弥尔顿（John Milton）、约翰·德莱顿（John Dryden）、威廉·哈维（William Harvey）、艾萨克·牛顿（Isaac Newton）、詹姆斯·克拉克-麦克斯韦尔（James Clerk-Maxwell）和开尔文勋爵（Lord Kelvin）等杰出人物的著作。这些著作具有持久的文学价值和科学价值，为后世树立了典范。正是几十年来数百万本《圣经》的稳定销售确保了这两家出版机构财务的稳定，并让它们得以持续出版其他有价值的作品。这些作品的出版也彰显了其品牌，并为其所属的大学赢得了声誉。

　　和其他方面一样，北美新大陆的历史记载远不如欧洲完整。19世纪末、20世纪初，美国和加拿大普遍出现了学术专业化的趋势，学术出版随之开始在美国出现，成为记录最新前沿研究成果的一种方式。北美最早尝试学术出版的两家出版社都是作为新兴学术研究机构的附属单位开始这一探索历程的。美国历史最悠久的持续运营的大学出版社是成立于1878年的约翰斯·霍普金斯大学出版社（Johns Hopkins University Press）。当时，丹尼尔·科特·吉尔曼（Daniel Coit Gilman）刚刚创办约翰斯·霍普金斯大学两年。① 吉尔曼是一位富有想象力的教育家，他提出的大学"崇高使命"之说闻名于世。他认为，大学的使命之一就是"增长并传播知识，不仅要在校园传播知识，还要让知识传播得更广更远"。当他提出这一大胆宣言时，"更远更广"的理念就意味着要通过印刷方式来促进知识的传播。一言蔽之，吉尔曼的观点就是：这些思想和发现必须首先被印成装订成册的书本或知名期刊的文章和论文才能被分享。这一信仰源自他在耶鲁大学——1852 年他在这里取得了学士学位——连续

---

① 关于美国大学出版社，参见约翰·特贝尔(John Tebbel)：《美国图书出版史》(*A History of Book Publishing in the United States*)，4 卷本，纽约：R. R. 鲍克出版社(R. R. Bowker)，1972—1981 年；吉纳·R. 霍斯(Gene R. Hawes)：《增进知识：美国大学出版手册》(*To Advance Knowledge：A Handbook on American University Press Publishing*)，纽约：美国大学出版协会(Association of American University Presses)，1967 年；切斯特·科尔(Chester Kerr)：《美国大学出版社报告》(*A Report on American Presses*)，以下简称《克尔报告》(*Kerr Report*)，纽约：美国大学出版协会，1949。关于丹尼尔·柯伊特·吉尔曼，参见亚伯拉罕·弗莱克斯纳(Abraham Flexner)：《丹尼尔·柯伊特·吉尔曼：美国式大学的创造者》(*Daniel Goit Gilman：Creator of the American Type of University*)，纽约：哈考特出版社(Harcourt)，1946 年；阿尔伯特·穆托(Albert Muto)：《加州大学出版社：创办早期(1893—1953 年)》(*The University of California Press：The Early Years，1893 - 1953*)，伯克利：加州大学出版社(University of California Press)，1992 年。关于威廉·雷尼·哈珀(William Rainey Harper)，参见托马斯·韦克菲尔德·古德斯皮德(Thomas Wakefield Goodspeed)：《威廉·雷尼·哈珀：芝加哥大学首任校长》(*William Rainey Harper：First President of the University of Chicago*)，芝加哥：芝加哥大学出版社(University of Chicago Press)，1928 年。关于尼古拉斯·默里·巴特勒，参见米歇尔·罗森撒尔(Michael Rosenthal)：《可敬的尼古拉斯·默里·巴特勒博士的惊人事业》(*Nicholas Miraculous：The Amazing Career of the Redoubtable Dr. Nicholas Murray Butler*)，纽约：法拉、施特劳斯和吉鲁(Farrar，Strauss and Giroux)，2006 年。关于普林斯顿大学出版社(Princeton University Press)，参见詹姆斯·阿克斯特尔(James Axtell)：《普林斯顿大学的创建》(*The Making of Princeton University*)，普林斯顿：普林斯顿大学出版社，2006 年，页 530 - 592。1860 年，康奈尔大学在美国历史上首次使用"大学出版社"这一名称，但根据《克尔报告》，这家企业被"发现并不令人满意"，遂于 1884 年停办。哈佛学院(Harvard College)是北美成立的第一所学院，但直到 1913 年，哈佛才成立了自己的出版社。不过，早在 1638 年斯蒂芬·戴(Stephen Daye)就在亨利·邓斯特(Henry Dunster)的住宅成立了英属北美殖民地第一家印刷厂，而亨利·邓斯特是哈佛学院的创始校长。

九年(1856—1865)担任图书馆管理员及自然与政治地理学教授和1872年至1875年间担任加利福尼亚大学校长的经历。

同样的情形也出现在芝加哥大学。这所大学由约翰·D. 洛克菲勒(John D. Rockefeller)于1890年创立,其明确的使命就是鼓励受过良好训练的新一代学者们进行更深入的探索和研究。和约翰斯·霍普金斯大学一样,芝加哥大学被认为是从事基础研究的中心,它将开发专门的研究生课程,这些课程在欧洲虽然很普遍,但在美国却是前所未有的。芝加哥大学的创始校长威廉·雷尼·哈珀是一位富有智慧的战略家,他的创新方法是将美国文理学院的跨学科优势与德国研究型大学严谨的框架结构结合起来。他明确指出,要想取得成功,最重要的是要尽快组建一家出版机构,它应是大学的一个"有机组成部分",而不是整体方案中的一个偶发小"事件"或一个非正式的"附属"机构。他最初的大学创办计划就包括成立大学出版社,事实上,大学出版社是大学的四个主要部门之一。大学出版社由一个特别的受托人委员会管理,但是要按照私营企业的方式来运营。哈珀的经营策略立竿见影。到1900年,芝加哥大学出版社出版了127本图书和手册,并创办了11种学术期刊。这些学术期刊以刊发教育学、社会科学、人文科学和物理学等学科的原创稿件而知名。1907年,芝加哥大学的物理学家阿尔伯特·A. 迈克尔森(Albert A. Michelson)确定了光的速度,他也因此成为首位获得诺贝尔奖的美国科学家。收录其众多研究成果的著作——《光速》(*The Velocity of Light*, 1902)、《光波及其用途》(*Light Waves and Their Uses*, 1903)和《光学研究》(*Studies in Optics*, 1927)——由芝加哥大学出版社出版。迄今为止,在该社出版图书的作者中,有20位是诺贝尔奖获得者。

在北美地区第一批建立学术出版社的还有加利福尼亚大学和哥伦比亚大学,两所大学都在1893年建立了出版部门。其后,多伦多大学于1901年成立了出版部门。20世纪初,哥伦比亚大学的奠基人尼古拉斯·默里·巴特勒（Nicholas Murray Butler）——哲学家、外交官、1931 年诺贝尔和平奖得主，1902年至 1945 年担任哥伦比亚大学校长，赋予该校全新的气象，并领导在他的极力倡导下创立的、服务于大学的出版社——曾多次阐述自己的忧虑，即在哥伦比亚大学位于晨边高地（Morningside Heights）的校园中正在进行的那些"标志性"的原创研究并没有惠及更广泛的人群，因为这种"对知识的贡献始终过于专业，通常缺乏商业价值"。他认为，唯一能改变现状的选择是成立一家出版社，以支持他正在向哥伦比亚大学引进的高等教育课程的大规模发展，并确保这些研究成果得到广泛传播。

1905 年，普林斯顿大学 1875 届毕业生、纽约出版商查尔斯·斯克里布纳（Charles Scribner），作为普林斯顿大学的受托人，在母校发起并开始经营出版业务。当其他人向斯克里伯纳提议支持一家独立的学术出版社时，他一直在设法出版一些难以实现赢利的学术著作。除了提供本金，斯克里布纳还为出版社总部购买了土地，配置了印刷设备，并为建设一座建筑物提供经济担保，这座建筑物由他的姐夫、建筑师欧内斯特·弗拉格（Ernest Flagg）设计。根据《纽约先驱论坛报》（*New York Herald Tribune*）的一篇社论，斯克里布纳心目中的出版社应该会促进"对图书的无私服务"。普林斯顿大学出版社成立时就是一家自负盈亏的公司，独立于大学运营（这种运营形式一直持续到今天），出版社后来在公司创立的前 20 年内出版了近 400 种图书，并为三位有志于在几年后创建自己的非营利出版企业的耶鲁毕业生提供了概念模型。

耶鲁大学出版社三位创始人中有 1897 届毕业生乔治·帕姆利·戴（George Parmly Day）和他的哥哥、1896 届毕业生小克莱伦斯·S. 戴（Clarence S. Day, Jr.）。二人的父亲克莱伦斯·谢泼德·戴（Clarence Shepard Day）则是耶鲁大学 1876 届毕业生，也是纽约著名的经纪人、银行家、铁路主管，曾担任纽约证券交易所所长多年。戴氏兄弟也是《纽约太阳报》(*New York Sun*)创始人本杰明·亨利·戴(Benjamin Henry Day)的孙子和发明家本杰明·戴(Benjamin Day)的侄子。1879 年,本杰明·戴发明了一种能用于商业印刷的雕版工艺,可为图像添加阴影、纹理和色调,后来这一工艺被命名为"本戴底纹制版法"(Benday)。1907 年,戴氏兄弟获耶鲁大学校长亚瑟·特温宁·哈德利(Arthur Twining Hadley)的许可组建被他们谦逊地称为"耶鲁大学出版协会"(Yale Publishing Association)的组织,并接手运营《耶鲁校友周刊》(*Yale Alumni Weekly*)。他们还推出了一份学术季刊《耶鲁评论》(*Yale Review*),该刊很快获得世界知名度,并在 20 世纪中叶独立运营。小克莱伦斯的同学埃德温·奥维阿特(Edwin Oviatt)也加入了他们刚刚起步的事业,负责编辑《耶鲁校友周刊》。之后,他还撰写了一部耶鲁大学史——《耶鲁的开端(1701—1726 年)》[*The Beginnings of Yale(1701-1726)*]。1916 年,该书由耶鲁大学出版社出版。他们尽心尽力出版了耶鲁大学教授希拉姆·宾厄姆(Hiram Bingham)的《委内瑞拉和哥伦比亚探险日记》(*The Journal of an Expedition across Venezuela and Columbia*),这位经验丰富的探险家,不久就被认定为马丘比丘古城(Machu Picchu)的发现者,后来又担任康涅狄格州的参议员。他们取得的这些成就提升了耶鲁大学出版协会在哈德利校长心目中的地位。1908 年,哈德利校长允许他们称自己的企业为"耶鲁大学出版社"(Yale University Press),并明确表示耶鲁大学将要对其出版活动进行监督。1919 年,回顾自己担任耶鲁大学校长 20 年的经历时,哈德利认为《耶鲁评论》和耶鲁大学出版社是"过去 20 年来我们取得的最大成就"。[①]

---

① 乔治·帕姆利·戴:《耶鲁大学出版社:1908—1920 年》(*Yale University Press: 1908-1920*),纽黑文:耶鲁大学出版社,1920 年,页 12。该书复制件藏于耶鲁大学斯特林纪念图书馆手稿和档案部,编号 YNS511。

小克莱伦斯·戴在成年后的大部分时间里都疾病缠身,他最终于 1935 年去世,享年 61 岁。作为作家,小克莱伦斯成绩斐然。他最知名、最畅销的著作是一本回忆录。该书讲述了 1890 年代曼哈顿东区一个富裕之家的生活,这个家庭有四个儿子,还有一位专横的父亲。《跟父亲一起过日子》(*Life with Father*)一书在小克莱伦斯去世前五个月出版。后来霍华德·林赛(Howard Lindsay)和罗素·克劳斯(Russel Crouse)又把它改编成一部舞台喜剧。该剧 1939 年在百老汇上演,创下了 3224 场的演出纪录。1947 年,威廉·鲍威尔(William Powell)、艾琳·邓恩(Irene Dunne)和当时非常年轻的伊丽莎白·泰勒(Elizabeth Taylor)主演了根据该书改编的电影,该片获得了最佳摄影、最佳艺术指导、最佳配乐和最佳男主角四项奥斯卡提名。

　　除了将自己全部的热情投入出版,小克莱伦斯·戴也很高兴能让自己的弟弟担任这项雄心勃勃的事业的主要推动者,而他们的出版业务不是从纽黑文①,而是从纽约启动的。当时,乔治·帕姆利·戴在父亲的华尔街证券经纪公司拥有一份报酬丰厚的工作,暂时无法离职。他们最早曾在一间很小的房间——多年后乔治对其的描述是"10 英尺乘 12 英尺"②——里短期办公,后来搬进了一个稍大的空间。新办公室在华盛顿广场附近第五大道 70 号的吉恩大厦里,像一个"黑色的小洞穴"。公司创立初期,只有乔治·戴的妻子威廉明妮·奥克塔维亚·约翰逊·戴(Wilhelmine Octavia Johnson Day)一个员工。她负责将出版社的所有工作记录下来,"她用一本可笑的本子做记录,本子有 7 英寸长 4 英寸③宽,封面薄得就像屠夫用来包肉的纸",小克莱伦斯·戴 1920 年在回忆录中写道。每天早上,小克莱伦斯在这篇闲谈的文章中回忆道,威廉明妮都会"冲"到大楼

---

①　耶鲁大学所在地。——译者注
②　1 英尺＝30.48 厘米。——编者注
③　1 英寸＝2.54 厘米。——编者注

的前门，看看邮递员"有没有把信件从门上的投信口塞进来，如果里面有图书订单，她会立刻给（纽约）城里打电话把这件事告诉所有人。因为从事出版业务初期，接到订单会让人倍感惊喜。一天早上，收到一个订购 31 本书的大订单，她花了整整一天的时间把书绑好寄出并发出账单"。

　　在纽黑文有全职工作人员处理出版社事务之后的很长一段时间里，威廉明妮·戴对出版社的运营状况仍保持着持久的热情。她是个孤儿，由监护人抚养成人，在和乔治·帕姆利·戴长达 57 年的婚姻中也一直没有孩子。她是位不可小觑的厉害人物，提出自己的想法时从不迟疑，1931 年时便是如此。当时她从欧洲旅行回来，建议丈夫出版一本书，介绍瑞典当时为应对世界经济大萧条而实施的经济改革，这项政府实验后来被描述为"介于资本主义和社会主义之间的建设性妥协"。根据她的建议，出版社委托《圣路易斯邮报》（St. Louis Post-Dispatch）驻斯德哥尔摩的年轻外国记者马奎斯·W. 柴尔德斯（Marquis W. Childs）撰写了《瑞典：中间道路》（Sweden：The Middle Way）。该书成为 1936 年的世界畅销书，影响极大，以至于耶鲁大学出版社在 44 年后又出版了该书的续篇《瑞典：试验中途》（Sweden：The Middle Way on Trial）。艾文·艾森曼（Alvin Eisenman）——耶鲁大学艺术学院平面设计课程的创始人兼主任，耶鲁大学出版社众多的优秀印刷师和设计师之一——曾对 1929 年至 1950 年在耶鲁大学出版社从事编辑工作的罗伯塔·耶克斯·布兰斯哈德（Roberta Yerkes Blanshard）描述过 1951 年他在成为耶鲁大学印刷工的第一天接到的老板娘打来的电话。① 老板娘对他说："艾森曼先生，我想让你知道戴先生和我一直没有孩子，耶鲁大学出版社就是我们的孩子，我希望您认真

---

① 来自与艾文·艾森曼的谈话记录，MS1566，罗伯塔·耶克斯·布兰斯哈德，耶鲁大学贝内克珍稀图书和手稿馆（Beinecke Rare Book and Manuscript Library）第 2 盒第 33 号文件夹。

对待出版社的工作。"然后，根据艾森曼的说法："她挂断了电话，再也没有提及此事。"

在《友人讲述的耶鲁大学出版社故事》（"The Story of the Yale University Press Told by a Friend"）一文中，小克莱伦斯·戴轻描淡写地讲述了出版社创立之初的 12 年间他与弟弟一起大胆开展出版项目的故事。[①] 他写这篇文章的初衷是期望文章说服潜在的捐助者帮助他们填补资金空缺，帮助出版社实现仅靠戴氏兄弟的投入无法实现的财务稳定，并建立自己的印刷厂。小克莱伦斯·戴指出，耶鲁大学出版社的兄弟单位普林斯顿大学出版社已经拥有了"一家漂亮的印刷厂，那是查尔斯·斯克里布纳先生捐赠的"。出于一种建设者的精神，这位纽约出版商捐赠了印刷厂，"乐于看着他们的事业不断发展，并从捐赠中获得乐趣"。小克莱伦斯·戴在他的文章中反复使用了一个关于建设者的隐喻，以此来准确地描述那些重要图书的出版过程。"将自己视为船舶的建造者的出版人自然会精心设计和建造船舶。书的字体、用纸和装订必须大方有力，或者具有与每本书内容相符的特征。"他所强调的是，如果耶鲁大学出版社想要成为一家真正优秀的学术出版社，那么拥有一家印刷厂对于确保图书的"工艺和设计之美"永远是至关重要的，同时还要保证"尽可能让每本书都完美无缺，不仅是那些豪华图书，还有其他各类书籍"。

耶鲁大学出版社后来确实在纽黑文华尔街 119 号开设了印

---

① 克莱伦斯·戴的文章《一位朋友讲述的耶鲁大学出版社的故事》被收录在切斯特·科尔的纪念手册《有关耶鲁大学出版社成立 75 周年的非客观注释和脚注：1908—1983 年》（*Some Not Unbiased Notes and Footnotes on the First Seventy-Five Years of the Yale University Press, 1908 - 1983*）中，该手册 1983 年为纪念耶鲁大学出版社成立 75 周年由耶鲁大学出版社印制，以下引用简称《75 周年纪念册》。约翰·特贝尔写道，乔治·帕姆利·戴"提供了将近 25 万美元的首期股本"用于创建耶鲁大学出版社，并且"募集了足够的钱来建立一笔数额可观的捐赠基金，并为耶鲁大学出版社提供了一座办公的建筑"。《美国图书出版史》，第 2 卷，页 539。

刷厂,这是耶鲁大学出版社在其成立百年内建立的七处设施中的第四个。1973年,出版社认为把印刷工作外包给分包商,同时严格监督设计和排版,在经济上更划算。此前,耶鲁大学出版社都是自己制作图书。时至今日,小克莱伦斯·戴要"让每本书都完美无缺"的响亮号召仍是他留下的最持久的遗产,这种对图书制作和设计美学的坚守,让那些带着耶鲁大学出版社标识的图书从一开始就显得别具一格。这种坚守从建社初期一直延续至今。从1918年到1948年,耶鲁大学出版的每一本书都是在耶鲁大学印刷负责人卡尔·普林顿·罗林斯(Carl Purington Rollins)的指导下设计完成的。罗林斯多才多艺,其对图书艺术的贡献备受赞誉。1949年,美国平面设计协会和纽约格罗里埃俱乐部(Grolier Club of New York)联合为他举办了个人设计作品精选展。1993年,耶鲁大学斯特林纪念图书馆举办了罗林斯艺术作品全面回顾展,展览题名为:"耶鲁印刷:卡尔·普林顿·罗林斯的遗产"。罗林斯的职业生涯长达30年,其间,他设计的59种图书被美国平面设计协会推荐参加年度最佳图书展览。1928年1月,弗雷斯特·奥顿(Vrest Orton)在《美国收藏家》期刊(*American Collector*)发表文章称赞罗林斯"结合机器和现代生产条件,恢复了以前的手工排版工艺。在这几年里,他有机会彻底改变以前的印刷标准和风格"。罗林斯最重要的贡献,奥顿写道,是"充分吸收前人的印刷经验,并将其与现代工具和现代工艺条件相融合"。1977年,约瑟夫·布卢门撒尔(Joseph Blumenthal)出版了《美国印刷书籍史》(*The Printed Book in America*),这是有关美国出版研究的一项里程碑式的成果。他在书中称罗林斯为"出色的设计师",其版式设计风格"扎实可靠、成熟、令人愉悦、富有力量和敏感性……他对文学怀有崇高敬意,这使其对字体的处理更富有逻辑性,也更为简洁明快。罗林斯在发展与推广版面设计优秀做法方面的影响广泛而显著,对全美各地大学出版社的影响尤其深远,大学出版社已成为美国出版业的一支重要力量。这些学术出版社之所以能够印制高水准的图书，很大程度上要归功于卡尔·罗林斯的影响"。①

但在 1920 年小克莱伦斯·戴向人们发出捐助呼吁时，这些成就尚未铸就，他借助令人鼓舞的目标为自己的精彩发言增色，多年来，他的话语被许多出版社挂在墙上，如果在谷歌上搜索有关书籍作为人类教化工具的重要性的至理名言，这段话也时常出现在搜索结果中。在小克莱伦斯·戴看来："书籍是人类最重要的发明创造，人类制造的其他任何事物都无法长久存在，古迹会坍塌，国家会消亡，文明会没落乃至消失。在经历过黑暗时期后，新的种族会重建这一切。在书籍世界里，书籍一次又一次地见证着这样的变迁，却不死不灭，依然年轻，像刚被写出来一样新鲜，依然在叙说着几个世纪前已经逝去的人们的内心世界。"

耶鲁大学出版社决心参与这一崇高的事业，紧锣密鼓地争取重要的学术著作，并按照耶鲁大学的学术标准予以出版。1909 年，耶鲁大学出版发行了耶鲁大学神学院专门从事《新约》批评与诠释研究的本杰明·W. 培根（Benjamin W. Bacon）教授的著作——《福音故事的开端：对马可福音来源和结构的历史批判性探究（附有文字说明，供英语阅读者使用）》（*The Beginnings of Gospel Story：A Historico-Critical Inquiry into the Sources and Structure of the Gospel According to Mark，with Expository Notes upon the Text，for English Readers*）。该书是首部印有耶鲁大学出版社标识的出版物。之

---

① "恢复了以前的手工排版工艺……"，特贝尔：《美国图书出版史》，第 3 卷，页 348；"出色的设计师"，约瑟夫·布卢门撒尔（Joseph Blumenthal）：《美国的印刷书籍》（*The Printed Book in America*），波士顿：戴维·R. 戈丁出版公司（David R. Godine），1977 年，页 41。关于罗林斯及其对美国图书印制所做的贡献，参见梅甘·本顿（Megan Benton）：《美与书：美国精品版本与文化差异》（*Beauty and the Book：Fine Editions and Cultural Distinction in America*），纽黑文和伦敦：耶鲁大学出版社，2000 年。另请参阅《卡尔·普林顿·罗林斯作品》（*The Work of Carl Purington Rollins*），格罗里埃俱乐部展品目录，美国平面艺术学院整理，1949 年 4 月27 日。

后,其他学术著作也相继问世,其中包括后来成为知名的人文科学原创作品系列的耶鲁英语研究系列(Yale Studies in English)的第一批作品。

1910年,乔治·帕姆利·戴被任命为耶鲁大学财务主管,随即从纽约移居纽黑文。耶鲁大学出版社也和他一同迁移至纽黑文。此后,出版社在他的直接领导下运营了32年,此后也一直深受他的影响,直到他1959年83岁时去世。1913年,戴出版了历史学家马克斯·法朗(Max Farrand)的《1787年联邦制宪会议记录汇编》(*Records of the Federal Convention of 1787*)的第一部分。这部详尽的作品共有三卷,至今仍被视为20世纪初期出版的重要文献作品之一。在次年的校友日演讲中,戴发表了题为"耶鲁大学出版新时代"(The New Era in Publishing at Yale)的演讲。演讲中,这位年轻的出版人兴奋地向校友们报告,出版社成立5年来已出版125种图书。他赞扬了那些在其开始负责出版之前零星出版的图书——这些书大多是在学校举办赞助讲座的演讲者偶尔出版的——称之为"少数人的远见卓识,或能服务于整个学术界"。① 但他表示,早期的工作"不能,像大学出版社这样,明确地证明大学认识到了其在传播知识、传播光明和真理方面所握有的机遇,这种传播行为不只限于校园一隅,也不只限于一时,而是永恒的。那些早期的努力还不能鼓舞大学的研究热情,只有大学出版社才能做到让研究者相信,他们付出劳动就会得到应有的回报——及时、保质保量的出版——他们的付出不会因为大学预算中没有这笔经费而化为乌有"。②

---

① 乔治·帕姆利·戴:《耶鲁出版的新时代:在1914年2月23日校友节发表的演讲》(*The New Era of Publishing at Yale:Being an Address Delivered on Alumni Day,February,Twenty-Third,Nineteen Hundred and Fourteen*),纽黑文:耶鲁大学出版社,1914年,页4,复制本藏于耶鲁大学斯特林纪念图书馆手稿和档案部,编号 Yns511。

② 同上,页8。

　　　　　　　　　　　　　　　文字的世界:耶鲁出版史

在乔治·帕姆利·戴时代,耶鲁大学出版社出版发行了大约 1800 种图书,这些图书为全面的学术出版路线定下基调,即重视出版扎实的学术成果,并把它们以优雅的方式呈现出来。1935 年,耶鲁大学出版社第一次赢得普利策奖,获奖作品是查尔斯·麦克莱恩·安德鲁斯(Charles McLean Andrews)——耶鲁大学荣休历史教授、耶鲁历史系列(Yale Historical Series)主编——的《殖民地时期的美国历史》(*The Colonial Period of American History*),这本书是四卷本著作中的第一部。耶鲁大学也有自己的为期数十年的宏大出版项目,其中包括从 1954 年开始与美国哲学学会合作整理出版本杰明·富兰克林的全部论文、书信和著作。这一全面的学术出版项目于 1954 年启动,迄今已有条不紊地进行了半个多世纪。富兰克林文献系列(Franklin Papers)的总编辑兼主任艾伦·R. 科恩(Ellen R. Cohn)预计该系列的第 47 卷和最后一卷将在下一个 10 年内出版(第 38 卷已于 2006 年 11 月出版,第 39 卷于 2009 年 1 月出版)。该出版项目所需资金来自多方的捐助,其中来自政府方面的资助者有美国国家人文基金会和美国国家历史出版与文献委员会,而私人赞助则由派克德人文研究所(Packard Humanities Institute)通过美国国父文献基金(Founding Fathers Papers, Inc.)、弗洛伦斯·古尔德基金(Florence Gould Foundation)、巴克利基金会(Barkley Fund)和皮尤慈善信托基金会(Pews Charitable Trusts)等提供。

如果富兰克林文献系列最终只出版 47 卷,那么它要比 1924 年至 1982 年间耶鲁出版的 48 卷本《耶鲁霍勒斯·沃波尔书信全集》(*The Yale Edition of Horace's Correspondence*)少一卷。与得到各种公共和私人捐助者支持的富兰克林文献不同,《霍勒斯·沃波尔书信集》则完全由一位 1918 届的耶鲁毕业生一手促成。这位毕业生成年后,尽其所能,一直在收集有关 18 世纪英国作家霍勒斯·沃波尔的资料,并投入大量的个人财富，以保证收集的所有资料都由母校耶鲁大学统一出版。威尔玛斯·谢尔顿·刘易斯（Wilmarth Sheldon "Lefty" Lewis）①拿到沃波尔资料的愿望十分强烈，以至于据说在纽约的拍卖会上，为了得到梦寐以求的资料，他竟然报出了比自己的经纪人还高的价格。对自己的追求，他有着极大的热情。杰弗里·T. 赫尔曼（Geoffrey T. Hellman）分别在 1949 年 8 月 6 日和 13 日的《纽约客》杂志（New Yorker）上分两部分讲述了这个故事。在第一篇文章中，赫尔曼形容刘易斯"轮廓分明，着英国服饰，神态威严，目光中充满好奇和怀疑，富有教养，谈吐诙谐，有着收藏家的狂热，经济上独立，学识不凡"。

当然，正是这种"经济上的独立"才造就了一番事业。刘易斯的妻子安妮·伯·奥钦科洛斯·刘易斯（Annie Burr Auchincloss Lewis）是标准石油公司（Standard Oil Company）创始人之一奥利弗·B. 詹宁斯（Oliver B. Jennings）的孙女，她乐于投入大量的财富来实现丈夫的不懈追求。1979 年刘易斯去世，享年 83 岁，他的妻子此前已经去世，他也没有其他继承人。刘易斯将自己位于康涅狄格州法明顿（Farmington）的豪宅和沃波尔藏品留给了耶鲁大学。他在耶鲁当了 25 年的受托人，也是耶鲁大学出版社的重要朋友。刘易斯还提供了足够的资金来出版耶鲁版的《霍勒斯·沃波尔书信集》，三年后该书最后一卷出版。沃波尔系列丛书全部出版后不久，曾在斯特林图书馆辛勤工作 50 年、一直从事该系列编辑工作的沃伦·亨廷·史密斯（Warren Hunting Smith）编辑与《纽约时报》的梅尔·古索（Mel Gussow）交流时称这是一种与众不同的经历。史密斯说："就像

---

① 关于威尔玛斯·谢尔顿·刘易斯，参见威尔马思·S. 刘易斯：《收藏家的进步》（Collector's Progress），纽约：克诺夫出版公司（Alfred A. Knopf），1951 年；尼古拉斯·A. 巴斯贝恩（Nicholas A. Basbanes）：《文雅的疯狂：藏书家、书痴以及对书的永恒之爱》（A Gentle Madness：Bibliophiles，Bibliomanes，and the Eternal Passion for Books），纽约：霍尔特出版公司（Holt），1995 年，页 23 - 24。

在一个修道院,那里有着哥特式的拱门,我们就像中世纪的修道士一样坐在那里阅读手稿。"[①]他说,在"校园深处"中被人们称之"沃波尔工厂"的地方静静工作非常快乐。

另一个值得关注的大型出版项目是《美国文学文献目录》(*Bibliography of American Literature*)。从 1955 年到 1991 年,这一系列共出版 9 卷,介绍了从独立战争开始到 1930 年间 300 多位美国作家的近 4 万种文学作品。该书由美国目录学会出版社(Press for the Bibliographical Society of America)出版,由曾在美国国会图书馆从事美国文献研究的目录学家雅各布·布兰克(Jacob Blanck)担任总编辑。布兰克汇总了这套书所有的基本数据,并亲历了一至六卷的出版过程。1974 年布兰克去世后,弗吉尼亚·L. 史迈尔斯(Virginia L. Smyers)和迈克尔·温希普(Michael Winship)编辑了第 7 卷,迈克尔·温希普一人独立完成了第 8 卷和第 9 卷的编辑工作。这套书以其内容的准确和广泛而著称,词条列出了每位作者作品的重印本及其他版本,其中包括难以追溯的,被选集、海报(broadside)和礼品书收录的情况,并列出各种版本的装订和外部特征等细节。图书馆员、书商和收藏家们都认为该重量级文献不可或缺,这部作品常被他们简称为"BAL"。

借助耶鲁大学的优势,耶鲁大学出版社还出版了文学、历史、经济学和语言等领域的重要系列图书,其中包括 1955 年启动的《耶鲁塞缪尔·约翰逊作品集》(*The Yale Edition of the Works of Samuel Johnson*),该项目已持续半个世纪,迄今已出版 18 卷。还有 1957 年启动、2008 年全部出齐的 26 卷本《乔纳森·爱德华兹全集》(*The Works of Jonathan Edwards*)。乔纳森·爱德华兹是 18 世纪颇有影响的神学家、哲学家和传教

---

① 梅尔·格索:《沃伦·史密斯去世,享年 93 岁,曾编辑〈霍勒斯·沃尔波勒书信集〉》("Warren Smith, 93; Edited Walpole's Letters"),《纽约时报》,1998 年 11 月 26 日。

士，曾向美洲原住民传教，也是耶鲁大学的毕业生，该系列收录了他的布道和著作。另一重要系列是耶鲁犹太文献系列（Yale Judaica Series），该系列是古代和中世纪犹太经典的综合译本，主要译自希伯来语、阿拉姆语（Aramaic）、埃塞俄比亚语和阿拉伯语等多个语种，其中包括 14 卷的《迈蒙尼德法典》（*The Code of Maimonides*）。

这些系列中，尤其值得一提的是 15 卷的《耶鲁圣托马斯·莫尔全集》（*The Yale Edition of the Complete Works of St. Thomas More*），该书始于 1963 年，完成于 1997 年，耶鲁大学英语系的路易斯·L. 马茨（Louis L. Martz）负责该项目的出版。在其 40 年的职业生涯中，路易斯·L. 马茨对耶鲁大学出版社及其学术出版成果贡献良多。他不但是一名很有贡献的出版委员会成员，还自己撰写、编辑了 25 种图书，其中包括多种为耶鲁大学撰写的图书，其中著名的有 1954 年出版的《冥想诗：17 世纪英国宗教文学研究》（*The Poetry of Meditation：A Study in English Religious Literature of the Seventeenth Century*）、1964 年出版的《内心的天堂：沃恩、特拉赫恩和弥尔顿研究》（*The Paradise Within：Studies in Vaughan，Traherne，and Milton*）和 1980 年出版的《流放诗人：弥尔顿诗歌研究》（*Poet of Exile：A Study of Milton's Poetry*）。2002 年，马茨去世，享年 88 岁。其同事、荣休教授德怀特·库勒（Dwight Culler）称赞他为"1950 年代到 1970 年代——所谓的'辉煌岁月'——耶鲁大学英语系最杰出的学者之一"。库勒还补充道，马茨和克林斯·布鲁克斯（Cleanth Brooks）、梅纳德·迈克（Maynard Mack）"一同把英语系从用新批评派（New Criticism）的方法进行的纯文学历史研究推向了更广泛的人文和宗教方向"。

耶鲁大学出版社与耶鲁大学英语系的另一出版合作项目是耶鲁莎士比亚系列（Yale Shakespeare，随着时间的推移在社内被简称为"TYS"）。1917 年，该项目凭借金斯利信托协会

（Kingsley Trust Association），又名耶鲁大学轴匙社团（Scroll and Key Society of Yale College）[1]，捐助的 5 万美元得以启动。[2] 耶鲁大学的两位教师威尔伯·L. 克罗斯（Wilbur L. Cross）和塔克·布鲁克（Tucker Brooke）被任命为莎士比亚系列的总编辑。克罗斯教授来自康涅狄格州曼斯菲尔德，是一名彻头彻尾的耶鲁人，他分别于 1885 年和 1889 年在耶鲁获得学士和博士学位。此前，乔治·帕姆利·戴已经聘请他编辑《耶鲁评论》，1911 年至 1940 年他一直自愿承担这项工作。1930 年，克罗斯教授达到规定退休年龄（68 岁），卸任了耶鲁大学的所有正式职务，多年来他曾担任英语斯特林讲席教授（Sterling Professor of English）、教务长、研究生院院长。其后，克罗斯决定以民主党人身份竞选康涅狄格州州长，而当时共和党在该州占据明显优势。当年 11 月，他在竞选中胜出，此后又三次连任，从 1931 年到 1939 年一直担任康涅狄格州州长。克罗斯教授在莎士比亚出版项目的同事塔克·布鲁克来自西弗吉尼亚州，是一位"罗德学者"（Rhodes Scholar）[3]，曾在牛津大学获得两个学位，作为伊丽莎白时期文学研究的权威在大西洋两岸享有盛誉。为了帮助耶鲁大学出版社编辑这一系列丛书，克罗斯和布鲁克邀请英语系的同事加入其中，使这个出版项目成为名副其实的耶鲁大学的成果。这个系列每本书的简名页（half-title page）[4] 上都自豪地印上了这句话："在耶鲁大学英语系的主导下出版，由金斯利基金会（轴匙社团）成员 1917 年向耶鲁大学出版社提

---

[1] 轴匙社团是耶鲁大学的一个秘密组织，成立于 1842 年，以其向耶鲁的巨额捐赠而为人瞩目。——译者注

[2] 乔治·帕尔姆·戴在《耶鲁大学出版社：1908—1920》（第 8 页）记述，曾得到金斯利基金会 5 万美元的捐赠。

[3] 罗德学者为"罗德奖学金"（Rhodes Scholarship）的获得者，罗德奖学金是牛津大学的国际研究生奖学金，设立于 1903 年，是历史最悠久、被广泛认为是世界上最负盛名的研究生奖学金。——译者注

[4] 图书简名页通常在扉页之前，是一本书的第一页。——译者注

供资助，以纪念耶鲁大学轴匙社团成立 75 周年。"

从 1918 年到 1929 年，所有莎士比亚的戏剧作品均以小开本精装形式出版，通常每年会集中出版三四种。之后的 10 年里，这些书又被多次重印，然后在 1940 年代和 1950 年代重新修订出版。耶鲁莎士比亚系列有 40 册，其中戏剧 37 册，其他 3 册分别是诗歌、十四行诗以及一个小传。每册书都包括一段简介、索引和在当时相当新颖的评注，即在大多数页面下加上简要的脚注，以解释当代读者或许并不熟悉的词汇、短语和古旧概念。尽管按今天的学术标准来看，这些书毫无疑问已经过时，但它们曾在英语国家的大学课堂上颇受欢迎，而且每册 50 美分的定价也非常实惠。这一系列非常受读者欢迎，1960 年代也被每月一书俱乐部（Book-of-the-Month Club）①选为次要推荐（alternate selection）②。

"在那个时代，他们试图把它做成一个相对简洁的文本，就当时而言是很好的文本，这使得该文本更具可读性。"伯顿·拉夫尔（Burton Raffel）与我交流时这样评价先前出版的耶鲁莎士比亚系列。拉夫尔是耶鲁大学出版社 2003 年推出的新系列——注释版莎士比亚作品系列（Annotated Shakespeare）的编辑。但从出版社的视角来看，更重要的是耶鲁莎士比亚系列为平衡出版预算做出了显著贡献。"在那些印有耶鲁大学标识的出版物中，耶鲁莎士比亚系列是其中最重要、最有影响力、最知名的，同时也是唯一一种同时印有耶鲁大学和耶鲁大学出版社两个名称的图书。"1979 至 2002 年担任耶鲁大学出版社社长的约翰·雷登对我说："可以毫不夸张地说，耶鲁莎士比亚系列和耶鲁大学出版社的关系，就像《圣经》和牛津大学出版社、剑桥大学出版社的关系一样密切。这套书是耶鲁大学出版社创立 50

---

① 成立于 1926 年，世界首家图书俱乐部，开创了图书销售的新形式。——译者注
② 一般每月一书俱乐部每月会选一本书作为"主要推荐"（main selection）并将其寄给俱乐部成员，如成员不喜欢"主要推荐"，则可以选择"次要推荐"。——译者注

年间最长销的出版物。"雷登说,他已在纽黑文工作 23 年,刚来这里的时候就听说,是耶鲁莎士比亚系列和乔治·帕姆利·戴时代颇为受欢迎的美国编年史系列(Chronicles of America)"让耶鲁大学出版社撑过了大萧条时期"。

美国编年史系列内容简洁,插图丰富,1917 至 1922 年期间每次出版 10 册,每种图书都聚焦美国历史上的特定事件、主题或人物,并由知名历史学家撰写。出版该系列的建议是多伦多的一位白手起家的出版商罗伯特·格拉斯哥(Robert Glasgow)向耶鲁大学提出的。1914 年至 1917 年间,格拉斯哥编印了 23 卷的加拿大及其分省系列(Canada and Its Provinces series)和 30 卷的加拿大纪事系列(Chronicles of Canada series),这两个汇集了几十位作者的作品的系列都大获成功,备受赞誉。美国编年史系列的文字部分是在系列主编耶鲁大学历史系教授艾伦·约翰逊(Allen Johnson)的指导下撰写完成的。在接受这项任务之前,约翰逊撰写过几部重要的著作,其中包括《斯蒂芬·A. 道格拉斯:美国政治研究》(*Stephen A. Douglas: A Study in American Politics*,1908)和《美国宪法史读本:1776—1876》(*Readings in American Constitutional History, 1776–1876*,1912)。后来他被美国学术团体理事会(American Council of Learned Societies)聘为《美国传记词典》(*Dictionary of American Biography*,DAB)的总编辑,1928 到 1936 年期间,该词典由斯克里布纳出版社(Scribner)出版。

这些编年史每批出版 10 卷,所以人们把它们作为一个整体来评价,不过评价多是正面的。1919 年 5 月 14 日的《纽约时报》评论道:"该系列第二辑与前十卷一样,都有着很高的学术水准和简洁的风格特征,这些书没有那些影响阅读的脚注,外观非常漂亮,总是以讲述本身足够吸引人的故事为目标。"次年该系列又出版十卷新书时,《纽约时报》称美国编年史系列是"不朽的"杰作,称赞这个系列"新颖,可读性强,摆脱了迂腐的束缚"。

1922年耶鲁大学出版社出版了第五辑，即最后一辑，其中有查尔斯·西摩（Charles Seymour）撰写的伍德罗·威尔逊（Woodrow Wilson）在刚刚结束的世界大战中的表现，及霍华德·霍兰德（Howard Howland）对西奥多·罗斯福（Theodore Roosevelt）及其执政时代的简要述评，《纽约时报》就这些新书的出版表达了由衷的喜悦之情："这种方法带来了新鲜感和多样化的选择，能为忙碌的人们带来轻松的阅读体验，因为人们可以利用零碎时间一点一点阅读历史。"

在最后十卷出版三个月后，格拉斯哥在纽约因心脏病去世，享年46岁。1923年9月27日，就在格拉斯哥去世仅五个月之后，乔治·帕姆利·戴表示"电影将迎来新世纪的曙光"，并宣布将发行由耶鲁大学出版社和两年前成立的、由乔治·戴担任总裁的美国编年史影业公司（Chronicles of America Picture Corporation）联合制作的系列无声电影。戴说，制作这些后被统称为美国编年史电影系列（Chronicles of America Photoplays）的影片的目的是"让电影院成为每个社区强大的公益机构"。① 他还呼

---

① 乔治·帕尔姆·戴的声明全文发表于1923年9月28日的《纽约时报》。与美国编年史影业相关的文件复制件保存在耶鲁大学出版社理事会会议记录文件第5卷，标题是"美国电影公司历年会议记录"（"The Chronicles of America Picture Corporation Minute Book"）。有关耶鲁冒险制作电影的更多讨论，参见唐纳德·J. 马特森（Donald J. Mattheisen）：《在1920年代拍摄美国历史：美国电影编年史》（"Filming U. S. History during the 1920s: The Chronicles of America Photoplays"），《历史学家》（*Historian*），54期（1992年），页626－640；伊恩·泰瑞尔（Ian Tyrrell）：《公众场合的历史学家：美国历史的实践》（*Historians in Public: The Practice of American History*），芝加哥：芝加哥大学出版社，2005年，页78－81。也可参见保罗·塞特勒（Paul Saettler）：《美国教育技术的演变》（*The Evolution of American Educational Technology*），科罗拉多州恩格尔伍德：图书馆无极限（Libraries Unlimited），1990年，页102－103；查尔斯·弗朗西斯·霍班（Charles Francis Hoban）和爱德华·本恩·范·奥默（Edward Bunn Van Ormer）：《教学电影研究：1918—1950》（*Instructional Film Research, 1918 - 1950*），1951年作为宾夕法尼亚州学院（1953年更名为"宾夕法尼亚州立大学"。——译者注）"教学电影研究项目"的技术报告发行，报告项目编号SDC269 - 7 - 19。

吁:"每个市民都应支持并鼓励他人支持高品质影片的制作,从而鼓励制片人和放映商将精力和资源优先投入到此类项目中。"在乔治·戴这一满怀希望的呼吁背后,是其对当时以极受欢迎的娱乐媒介在美国传播的内容的关注,一些人认为这种媒介会导致年轻人阅读量下降。类似的论调在今天的计算机和互联网时代依然存在。乔治·戴认为:"如果电影院和学校都放映高水准的电影,那么毫无疑问,没有哪个社区需要担心电影所带来的影响。"为了募集私人资本来资助这家雄心勃勃的大胆企业,公司以每股60美元的价格出售股票。

然而格拉斯哥——美国编年史影业公司副总裁、电影制作的负责人——突然去世后,耶鲁大学出版社开始担心格拉斯哥聘请的戏剧作家在改编剧本时篡改了真实的纪录。为了确保耶鲁大学的利益得到保护,历史学家马克斯·法朗被任命为项目编辑,另一位学校员工、教育系主任弗兰克·埃尔斯沃思·斯波丁(Frank Ellsworth Spaulding)和美国编年史系列三本书的作者,耶鲁大学客座教授、历史学家纳撒尼尔·赖特·斯蒂芬森(Nathaniel Wright Stephenson)也加入项目担任主要顾问。其他被咨询的历史学家还有耶鲁大学的查尔斯·麦克莱恩·安德鲁斯(Charles McLean Andrews)、威斯康星州州立历史学会的约瑟夫·谢弗(Joseph Schafer),以及斯坦福大学的埃德加·罗宾逊(Edgar Robinson)。当美国编年史影业公司财务主管、格拉斯哥的商业伙伴阿瑟·布鲁克(Arthur Brook)同意"学者们在所有内容上"[1]拥有完全的决定权后,电影拍摄得以继续进行,不过后期还是出现了一些其他问题。

根据历史学家伊恩·R. 泰勒(Ian R. Tyrrell)的说法,拍摄期间,在写给同事的备忘录中,成为耶鲁大学"电影系列指路

---

① 马特森:《在1920年代拍摄美国历史:美国电影编年史》,页631。

明灯"①的斯蒂芬森抱怨与他们一起工作的编剧,他无奈地问:"我们是否应该得出这样的结论——当我们和那些没有从历史角度思考过的人们讨论历史问题时,其脑海中所形成的画面和我们不同?"②在制作方面,也有同样的困扰。当斯蒂芬森要求修改这一系列的前两部电影《哥伦布》(Columbus)和《詹姆斯敦》(Jamestown)的剧本时,格拉斯哥的原合伙人、公司秘书亚瑟·E. 克罗斯(Arthur E. Krows)提出了辞职。几年后,克罗斯为一家商业杂志撰写系列回忆文章,愤怒地回忆了那些经历,其中特别提到几个未指名道姓的"教授"和"所谓的专家",他们的"干预"拖延了电影拍摄的时间,并导致制作成本一再上升。他写道,没过多久,"就有消息传遍整个戏剧界,称有一头又肥又蠢的母牛等着挤奶,演员和技术人员成群结队地过来,毫无良心地分享着乳汁"。③ 然而,编辑们在"历史真实性"方面的高要求得到了大都会艺术博物馆的赞许。博物馆在其官方公报中表示,工作人员非常高兴博物馆成为首批出于教育目的"获取这些影片的机构之一":"乔治·华盛顿(George Washington)在弗吉尼亚打猎时跳过的篱笆是什么样的? 他用什么样的猎号? 当沃尔夫④乘船去占领魁北克时,他的船舱里会有什么书? 在墨西哥战争的某一场战役中,夜晚有月光吗? 士兵们的战马尾巴是如何修剪的? 无数这样的小细节和核心故事的准确性,都得到了编年史系列研究人员的关注"。⑤

　　该项目原计划拍摄 40 部电影,但后来压缩至 33 部。最后,在 1923 年和 1924 年发行了 15 部作品,每部作品由 3 卷时长 15

① 参见泰瑞尔:《公众场合的历史学家:美国历史的实践》,页 78。
② 马特森:《在 1920 年代拍摄美国历史:美国电影编年史》,页 632。
③ 同上,页 630。
④ 詹姆斯·沃尔夫(James Wolfe,1727—1759),1759 年从法军手中夺取魁北克的英军指挥官。——译者注
⑤ 《大都会艺术博物馆简报》(*Metropolitan Museum of Art Bulletin*),第 20 期,第 7 卷,1925 年,页 186 – 187。

分钟的电影胶片组成，这些作品包括《清教徒》(*The Pilgrims*)、《彼得·斯图伊弗桑特》(*Peter Stuyvesant*)、《通往西部的大门》(*The Gateway to the West*)、《亚历山大·汉密尔顿》(*Alexander Hamilton*)、《独立宣言》(*The Declaration of Independence*)、《约克镇》(*Yorktown*)、《迪克西》(*Dixie*)和《边疆女人》(*The Frontier Woman*)。戴当初想将电影租借给全国各地的教育委员会和私立学校，免费提供给农村地区，但由于制作完成的影片不到计划的一半，根据 1926 年《时代》周刊的一篇文章的说法，这场冒险在"财务上行不通"。[1] 1930 年，公司股票跌至每股 10 美元。1933 年，乔治·帕姆利·戴给股东写了一封悲观的信件，劝告他们不要指望能很快获得股息："尽管美国编年史电影系列的 15 部影片极为出色，但由于缺乏业界的配合，电影发行的收入一直都不高，现在的收入微不足道。"[2]到 1950 年代，人们还可以买到这些电影，但需求很少。1929 年有声电影时代开始后，这些无声电影显得古旧过时，最终，公司于 1960 年解散。

耶鲁的电影事业已走到尽头，但至少在电影对目标受众的影响力方面，仍需要进行自我分析。1929 年，耶鲁大学出版社出版了耶鲁大学两位教授受托所做的研究，他们是教育系的丹尼尔·昌西·诺尔顿(Daniel Chauncey Knowlton)和约翰·沃伦·蒂尔顿(John Warren Tilton)。该研究以在教室里观看过这些影片的青少年人群为对象，"衡量了这些影片在丰富、保留和激发他们的兴趣方面的贡献"。研究是在纽黑文市特鲁普初中展开的，研究结果发表在《历史教学中的动态影像：关于将美国编年史系列用作七年级教学辅助工具的研究》(*Motion Pictures in History Teaching：A Study of the Chronicles of*

---

① 《时代》，1926 年 8 月 2 日。
② 马特森：《在 1920 年代拍摄美国历史：美国电影编年史》，页 638。

America Photoplays, as an Aid in Seventh Grade Instruction）一书中。研究发现："这些照片对获得和保留有价值的知识做出了实质性的贡献"，"它们让学生更多地参与课堂讨论"，"让看过电影的学生在受控的教室环境下主动阅读了更多补充性的历史阅读材料"。[①]

在电影史上，有很多关于此事的研究。研究者一致认为，这一雄心勃勃的项目因一些关键原因失败。马萨诸塞大学教授唐纳德·J.马特森（Donald J. Mattheisen）在《历史学家》上发表过一篇出色的论文，他写道：耶鲁大学的教育工作者们"不是心胸狭窄、过度拘泥于建筑或服饰细节的古董收藏者。他们富有才华，聪明睿智，却误以为自己可以轻而易举地掌握电影这一新兴媒介。之所以做不到这一点，部分原因是耶鲁大学出版社的编辑们制定了严格的程序，而当时的初衷只是将编年史系列的部分内容改编成电影。编辑们对于改编的要求过于死板，他们试图让每部电影都有一个学术主题，甚至还规定每部电影要描述哪些事件。他们的要求造成的障碍有时导致电影对一些复杂问题的处理过于潦草，最终造成了艺术和教学上的失败"。

我们能从这一不幸和考虑不周的事件中吸取最重要的教训就是大学出版社要坚持做自己最擅长的事情，即寻找并出版内容可靠、有意义和生命力的，且学术价值有保证的重要图书。乔治·帕姆利·戴时代早期启动的另一个出版项目，即耶鲁大学青年诗人系列（Yale Series of Younger Poets）[②]，就是出版社，借用体育界的一个术语——"盯着球看"并漂亮地履行其使命的

---

① 丹尼尔·昌西·诺尔顿和约翰·沃伦·蒂尔顿：《历史教学中的动态影像：关于将美国编年史系列用作七年级教学辅助工具的研究》，纽黑文：耶鲁大学出版社，1929年，页93。

② 参见乔治·布拉德利（George Bradley）：《耶鲁青年诗人诗集》（*The Yale Younger Poets Anthology*），纽黑文和伦敦：耶鲁大学出版社，1998年；泰德·奥尔森（Ted Olson）：《评耶鲁的青年诗人系列》（"Speaking of Books: The Yale Younger Poets"），《纽约时报》，1970年1月26日。

一个完美个案。该出版项目从启动至今已持续 89 年,成果斐然,在美国独领风骚。项目于 1919 年启动,旨在"为尚未得到广泛认可的青年人提供公共媒介",致力于出版诗歌"处女作",90 多年来出版了许多艺术家的作品,如詹姆斯·艾吉(James Agee)、约翰·阿什伯里(John Ashbery)、鲁伊尔·丹尼(Reuel Denney)、保罗·恩格尔(Paul Engle)、卡罗琳·福奇(Carolyn Forché)、罗伯特·哈斯(Robert Haas)、约翰·霍兰德(John Hollander)、威廉·梅雷迪斯(William Meredith)、W. S. 默温(W. S. Merwin)、泰德·奥尔森(Ted Olson)、阿德里安娜·里奇(Adrienne Rich)、诺曼·罗斯顿(Norman Rosten)、穆里尔·鲁基瑟(Muriel Rukeyser)、乔治·斯塔巴克(George Starbuck)、詹姆斯·泰特(James Tate)和玛格丽特·沃克(Margaret Walker)。过去的一百年里,耶鲁大学出版社共获得四个普利策奖,其中之一是颁发给 1961 年的年轻诗人艾伦·杜根(Alan Dugan)的,以表彰他的《诗集》(*Poems*),该书还获得了美国国家图书奖(National Book Award)。2000 年,戴维斯·麦库姆斯(Davis McCombs)的《乌尔蒂玛·图勒》(*Ultima Thule*)入围美国国家书评人协会奖(National Book Critics Circle Award)。多年来,该奖项评委包括威廉·亚历山大·珀西(William Alexander Percy)、斯蒂芬·文森特·贝内特(Stephen Vincent Benét)、阿奇博尔德·麦克利什(Archibald MacLeish)、W. H. 奥登(W. H. Auden)、斯坦利·库尼茨(Stanley Kunitz)、詹姆斯·梅里尔(James Merrill)、詹姆斯·迪基(James Dickey)和路易丝·格鲁克(Louise Glück)。每年有多达 800 个作品被提交,最终获奖的作品由耶鲁大学出版社出版。能不能卖出去或能卖出多少册都无关紧要,这些书出版了,文坛响起新的声音,会有很多人受到鼓励,燃起希望。

乔治·帕姆利·戴时代耶鲁大学出版社出版的一些单本作品是作者在耶鲁大学举办讲座的讲稿,这些演讲是耶鲁大学年

度资助项目的一部分。其中最著名的是特里讲坛(Terry Lec-
tureship)。该讲坛设立于 1905 年,由康涅狄格州布里奇波特市
的德怀特·H. 特里(Dwight H. Terry)资助。耶鲁每年都会
邀请一位知名学者来探讨科学和哲学如何影响宗教以及将宗教
应用于人类福祉的问题。演讲者被要求在两周内举行四场讲
座,之后出版社尽快编辑、出版其演讲稿。这一系列图书为各种
精辟观点的发表提供了一个振奋人心的平台,其中的许多图书
成了 20 世纪的经典作品。

　　这些作品有:卡尔·贝克尔(Carl Becker)的《18 世纪哲学
家的天堂之城》(*The Heavenly City of the Eighteenth-Centu-
ry Philosophers*,1932)——彼得·盖伊(Peter Gay)在庆祝这
位康奈尔大学历史学家任职 25 周年的纪念致辞中称,这是一部
"罕见的学术著作","同时也是一部极富文学性与说服力的佳
作,比其他任何一本书都更有助于塑造启蒙运动在当前的形
象"[①];《共同的信仰》(*A Common Faith*,1934),美国哲学家约
翰·杜威(John Dewey)在其中提出了一种不局限于教派、阶级
或种族的精神信仰模式;《心理学与宗教》(*Psychology and Re-
ligion*,1938),卡尔·古斯塔夫·荣格(Carl Gustav Jung)在其
中描述了他所认为的潜意识状态下的一种真正的宗教功能,该
书被纽约公共图书馆誉为"世纪之书";古生物学家乔治·盖洛
德·辛普森(George Gaylord Simpson)撰写的《进化的意义》
(*The Meaning of Evolution*,1949),该书得到了《纽约时报》评
论家伯纳德·米什金(Bernard Mishkin)的赞誉,他写道:"毫无
疑问,这是我们这个时代关于进化意义的最好的著作";历史学
家亨利·斯蒂尔·康马格(Henry Steele Commager)的《美国人
的思想:1880 年代以来对美国思想和性格的解释》(*The American*

---

① 　参见彼得·盖伊(Peter Gay):《卡尔·贝克的天堂之城》("Carl Becker's Heav-
　　enly City"),《政治学研究季刊》(*Political Science Quarterly*),1957 年第 72 卷
　　第 2 期,页 182。

Mind：An Interpretation of American Thought and Character since the 1880's，1950)对 20 世纪中期美国的思想和知识生活进行了深入的考察；《精神分析与宗教》(Psychoanalysis and Religion，1950)，世界著名精神分析学家、人文主义哲学家埃里希·弗洛姆(Erich Fromm)的第三部著作；《存在的勇气》(The Courage to Be，1952)，神学家保罗·蒂利希(Paul Tillich)撰写的有关 20 世纪存在主义哲学的重要著作；及《成长》(Becoming，1955)，美国心理学家戈登·W. 艾尔波特(Gordon W. Allport)就人类个性发展所做的一项影响深远的研究，强调了自我以及成人独特性格的重要性。

更早的一个讲坛是西里曼纪念讲坛(Silliman Memorial Lecture)。该讲坛始于 1901 年，由纽约布鲁克林的奥古斯都·伊利·西里曼(Augustus Ely Silliman)遗赠，旨在为耶鲁大学引进杰出的自然科学家。过去一个世纪出版的著名讲稿中，不可忽视的作品有加拿大医生威廉·奥斯勒爵士(Sir William Osler)的《现代医学的发展》(The Evolution of Modern Medicine)，作者于 1913 年举行讲座，该书则于 8 年后出版。如今常被称为"现代医学之父"的奥斯勒对校样的大部分文字进行了修订，但第一次世界大战爆发后，他立即参与了协约国的工作，始终没能完成校样修订。1919 年奥斯勒去世后，定稿的工作被交给了他的同事。奥斯勒对读者说："我想乘飞机穿梭于世纪之间，只触及那些能让我们看清我们所经历的所有时代的全貌的高峰。"[①]

另一部一直具有相当知名度的遗作是约翰·冯·诺伊曼(John von Neumann)的讲稿。冯·诺伊曼是一位才华横溢的数学家，二战期间参加了曼哈顿计划(Manhattan Project)，并在量子物理学、功能分析、集合论、拓扑学、经济学、数值分析以及

----

① 参见威廉·奥斯勒：《现代医学的演变》，纽黑文：耶鲁大学出版社，1921 年，页 6。

流体力学等领域做出了开创性的研究。他还在今天被称为冯·诺依曼代数的领域进行了研究，也是当时快速发展的新兴领域——计算机科学领域的先驱者。1957 年诺伊曼死于骨癌，未能举办西利曼讲座，讲座的主要内容是人脑与"人造自动操作装置"的比较。次年，出版社整理了他的备课笔记，并出版了《计算机与大脑》(*The Computer and the Brain*)一书，该书开篇极为简洁："我首先来讨论计算机分类学(systematics)和实践的一些基本原理。"

在天文学领域与伽利略·伽利雷(Galileo Galilei)、约翰内斯·开普勒(Johannes Kepler)和艾萨克·牛顿爵士等大家齐名的埃德温·哈勃(Edwin Hubble)，在《星云之境》(*The Realm of the Nebulae*，1936)一书中，讨论了他所做的主要观察，这种观察使他得出宇宙正在扩张的结论，证明了阿尔伯特·爱因斯坦早前提出的方程式。他用非同寻常的文采写道："随着距离的增加，我们的知识逐渐淡化，并迅速消失。最终，我们到达了昏暗的边界，这是我们望远镜看到的最大极限。在那里，我们测量阴影，然后在虚幻的测量误差中搜索几乎没有实质意义的地标。搜索将继续，直到实证资源耗尽，我们才需要转向迷离的猜测领域。"[1]

同样值得关注的还有 1889 年为纪念威廉·L. 斯托斯(William L. Storrs)创办的斯托斯讲坛(Storrs Lectures)。斯托斯曾经是康涅狄格州的法官，也是法学院的一名教授。斯托斯讲坛衍生出的图书中，有后来担任最高法院大法官的本杰明·N. 卡多佐(Benjamin N. Cardozo)撰写的《司法程序的性质》(*The Nature of the Judicial Process*，1921)——该书主要探讨法官如何裁决案件；曾任哈佛法学院院长并领导美国法院管理改革的罗斯科·庞德(Roscoe Pound)撰写的《法哲学概论》

---

① 参见埃德温·哈勃:《星云之境》，纽黑文:耶鲁大学出版社，1959 年，页 7。

(*An Introduction to the Philosophy of Law*，1922)。另一个延续数十年的附属机构是耶鲁大学儿童研究中心（Yale Child Study Center），中心成立于 1911 年，是耶鲁大学医学院的一个部门，创建初期名为耶鲁儿童成长诊所（Yale Clinic of Child Development），创始人为阿诺德·盖塞尔博士（Dr. Arnold Gesell），许多专业人士认为他推动了美国儿童成长领域研究的发展。《婴儿行为图集：人类行为模式的形式和早期发展的系统描述》(*The Atlas of Infant Behavior：A Systematic Delineation of the Forms and Early Growth of Human Behavior Patterns*)是其众多著述中的一种。1934 年，耶鲁大学出版社出版了这部两卷本著作，零售定价 25 美元。在大萧条时期，这无疑是天价了，这也在一定程度上解释了为何该书只印刷了 250 套。复制约 3200 张黑白照片——这对当时任何一家出版社来说都是一项非比寻常的任务——所涉及的成本导致这部具有里程碑意义的作品售价高昂。尽管该书现在已鲜为人知，但它是基于 25 年的研究写成的，其独特之处在于史无前例地使用了描绘婴儿各种姿势的照片。盖塞尔博士和其同事获取图片的方法在专业领域之外成为头条新闻。《时代》周刊杂志在专题文章中这样描述其拍摄过程：

> 盖塞尔博士选择电影摄影机作为他的主要工具。1926 年，盖塞尔从劳拉·斯佩尔曼·洛克菲勒纪念基金(Laura Spelman Rockefeller Memorial)筹集了一笔资金。1930 年，他又从洛克菲勒基金会(Rockefeller Foundation)获得了资助。那些聪明的研究者在纽黑文搜寻新生儿，用大量胶卷进行拍摄。他们从这个庞大的照片素材库中精心挑选了《婴儿行为图集》所需的照片，每一张照片都由一帧电影胶片画面制作而成……
>
> 开展调查研究的场所是一处有着镶板圆顶的地方，像

北美因纽特人的拱形圆顶冰屋一样大。两部无声电影摄影机可沿着从圆顶屋侧面延伸到顶部的轨道移动。圆顶屋里面布置着专门设计的、带有配件的婴儿床。无论相机在什么位置，婴儿床都不会失焦。圆顶屋内部布置着柔和、散射的光线。圆顶屋周围有一圈单向视觉屏幕，外面的操作者能看见里面，而里面的婴儿却看不到外面。[①]

1945 年，安娜·弗洛伊德（Anne Freud）、海因茨·哈特曼（Heinz Hartmann）和恩斯特·克里斯（Ernst Kris）创办了期刊《儿童心理分析研究》（*The Psychoanalytic Study of the Child*）。按照 1966 年至 1983 年担任耶鲁儿童研究中心（Yale Child Study Center）主任并长期担任出版委员会委员的阿尔伯特·J. 索尔尼特博士（Dr. Albert J. Solnit）的说法，该刊旨在"为那些从事精神分析系统研究的学者们提供一个年度学术平台，这些学者们正在从世界大战的混乱和干扰中回过头来，转向发展精神分析的系统研究"。截至 2007 年，耶鲁大学出版社的这个期刊已出版 62 期，其中 20 期由索尔尼特编辑。索尔尼特曾在耶鲁大学从事各种学术和临床工作 54 年，他 2002 年去世，享年 82 岁。

20 世纪德国杰出哲学家马丁·海德格尔（Martin Heidegger）的《形而上学导论》（*An Introduction to Metaphysics*）相当特别：曾两次被翻译成英文，两版译稿均在耶鲁大学出版社出版。英文第一版是拉尔夫·曼海姆（Ralph Manheim）在 1959 年翻译的，第二版是格雷戈里·弗里德（Gregory Fried）和理查德·波尔特（Richard Polt）在 2000 年完成的。曼海姆在其译文的注释中指出："在海德格尔看来，人类思想和存在的整个历史一直由人对

[①] 《婴儿》（"Babies"），《时代》，1934 年 9 月 24 日。

存在的认识所支配和掌握"。① 本书根据 1935 年海德格尔在弗莱堡大学的演讲稿整理而成，是针对"存在的意义和人类对存在理解的历史"所做的深入研究。抛开研究本身，该书在问世半个世纪后已经取得了标志性的地位。除了书中的哲学观点，作品中最著名的或许是作者在有关国家社会主义问题的文章结尾所发表的惊人观点，二战期间，海德格尔曾作为纳粹党的一员支持过国家社会主义。他说："如今被推崇为国家社会主义哲学的作品，却与这一运动的内在真理和伟大（即全球技术与现代人之间的相遇）无关，它们都是由那些在价值观和总体观的混乱之中挣扎的作者书写的。"②

学术出版物和畅销书是通常不会被人们相提并论的概念，但是，每所大学出版社都有一些特例，这些书得以出版的原因并不是它们具有巨大的盈利潜力，然而它们出版后却很畅销，这也让从事大众出版的营销总监们颇感懊恼。1978 年，《纽约时报》出版专栏作家赫伯特·米特冈（Herbert Mitgang）抱怨道："学术图书应该服务于知识，而不是市场。"对此，时任美国大学出版协会（Association of American University Presses）执行主任的杰克·普特南（Jack Putnam）愉快地回应道，"大学出版社可以积累利润"，尤其是为了支持其他销售没有保证的项目。③《芝加哥格式手册》（*The Chicago Manual of Style*）——首版由芝

---

① 参见拉尔夫·曼海姆翻译、马丁·海德格尔的《形而上学导论》，纽黑文：耶鲁大学出版社，1959 年，页 7。
② 参见马丁·海德格尔的《形而上学导论》，页 199。有关海德格尔和汉娜·阿伦特的长期关系，参见艾尔兹比塔·埃廷格（Elzbieta Ettinger）：《汉娜·阿伦特和马丁·海德格尔》（*Hannah Arendt/Martin Heidegger*），纽黑文和伦敦：耶鲁大学出版社，1995 年。二战后，埃廷格宣称，阿伦特成为海德格尔"忠实而又分文不取的美国代理人，为后者在美国寻找出版商，商谈合同，选择最出色的译者。此外，她还极力洗白其纳粹经历"（页 78）。海德格尔在该书的美国翻译版本中并未删去他支持过去所属政治派别的糟糕声明，汉娜·阿伦特为何不劝前者删去声明仍旧是一个谜。
③ 参见《纽约时报》，1978 年 6 月 11 日。

加哥大学出版社于 1906 年出版,2008 年已出版第 15 版,销量依然可观——的长销和哥伦比亚大学出版社在 80 年间持续出版了 6 版的《哥伦比亚百科全书》(*The Columbia Encyclopedia*)——2007 年还推出了网络在线版——的长盛不衰树立了令人羡慕的长销标准。哈佛大学出版社的洛布古典丛书(Leob Classical Library)则是另一个不容忽视的案例。这套不可或缺的丛书共有 500 卷,收录古希腊罗马时期的典籍,该书在每本书的偶数页面或左侧页面放置古希腊和拉丁文本,奇数页面或右侧页面则放置英文权威翻译文本。此外,还有普林斯顿大学出版社的博林根丛书(Bollingen Press editions),收入卡尔·荣格、塞缪尔·泰勒·科尔里奇(Samuel Taylor Coleridge)和保罗·瓦莱里(Paul Valéry)等名家的作品,共有 100 种、250 册。其中英译版的《易经》创下近百万册的销量。加利福尼亚大学出版社有两种图书创下百万册的销量,分别是西奥多拉·克罗伯(Theodora Kroeber)的《两个世界中的艾希:北美最后一个生活在野外的印第安人》(*Ishi in Two Worlds: A Biography of the Last Wild Indian of North America*,1961),卡洛斯·卡斯塔内达(Carlos Castaneda)的《巫士唐望的教海:踏上心灵秘境之旅》(*The Teachings of Don Juan: A Yaqui Way of Knowledge*,1968)。约翰斯·霍普金斯大学出版社出版了南希·L. 梅斯(Nancy L. Mace)和彼得·V. 拉宾斯(Peter V. Rabins)的《1 天 36 小时:护理阿尔茨海默病、相关痴呆症及老年记忆力衰退病人家庭指南》(*The 36 Hour Day: A Family Guide to Caring for Persons with Alzheimer Disease, Related Dementing Illnesses, and Memory Loss in Later Life*)。2006 年,《1 天 36 小时》出版第四版,以纪念该书出版 25 周年,25 年间该书销量高达近百万册。

1984 年,汤姆·克兰西(Tom Clancy)的惊悚小说《猎杀"红十月"号》(*The Hunt for Red October*)写就了最意想不到的成功故事,是一部无可争议的畅销书。这部大众小说在被非营利

性出版社、美国大学出版协会成员单位——海军学会出版社
(Naval Institute Press)接受之前,遭到了许多商业出版社的拒
绝。同时,该书也是 20 世纪最成功的商业出版案例之一。当
然,约翰·肯尼迪·图尔(John Kennedy Toole)的《笨蛋联盟》
(*Confederacy of Dunces*)也是过去几十年中最令人满意的出
版故事之一。这是作者的遗作,也是一本带有实验性质的小说,
商业出版商普遍认为它是一部过于前卫的作品。但在小说家沃
克·珀西(Walker Percy)的敦促下,1980 年,路易斯安那州立大
学出版社(Louisiana State University Press)出版了这部小说,
后来它陆续获得了普利策奖和美国国家图书奖,并取得了令人
羡慕的销售业绩。1977 年,得克萨斯大学出版社(The Univer-
sity of Texas Press)出版了一本畅销书,即 T. H. 怀特(T. H.
White)的《梅林之书》(*The Merlyn Book*),该书是亚瑟王史诗
系列中的第 5 种。《一个作家的开端》(*One Writer's Begin-
nings*)是南方著名作家尤多拉·韦尔蒂(Eudora Welty)撰写的
一部令人着迷的回忆录,作者回忆了自己在密西西比州成长的
经历。1984 年哈佛大学出版社出版了这本书,不久该书便跻身
《纽约时报》畅销书排行榜。学术出版物的一个真实例外是
1974 年阿拉巴马大学出版社(University of Alabama Press)出
版的《新奥尔良斯托里维尔:一个臭名昭著的红灯区的真实写
照》(*Storyville, New Orleans: Being an Authentic, Illustrated
Account of the Notorious Red-Light District*)。之所以例外,倒不
全是因为主题粗俗,而是因为电影《漂亮宝贝》(*Pretty Baby*)的
剧本就来自这本书。这部 1978 年的影片由路易斯·马勒
(Louis Malle)执导,布鲁克·希尔兹(Brooke Shields)、戴维·
卡拉丹(David Carradine)和苏珊·萨兰登(Susan Sarandon)主
演。尽管大学出版社的图书在好莱坞大红大紫的事例并不多
见,但也并非独一无二。1992 年,罗伯特·雷德福德(Robert
Redford)执导了改编自诺曼·麦考连(Norman Maclean)最畅

销的中篇自传小说《一江流过水悠悠》(*A River Runs through It*)的电影《大河恋》(*A River Runs through It*)。小说于 1976 年由芝加哥大学出版社出版,电影由布拉德·皮特(Brad Pitt)、克雷格·谢弗(Craig Sheffer)和汤姆·斯凯里特(Tom Skerritt)主演,并获得奥斯卡最佳摄影奖。

1950 年代,耶鲁大学出版社六年内相继出版的两本书销量可观,但让人们感兴趣的不只是销量——半个多世纪后它们仍有销售——尽管无论按哪种会计标准来衡量,这两部作品的销售都非常成功。第一本书是大学出版社的典型出版物。《孤独的人群》(*The Lonely Crowd*)——书名十分巧妙,应是瞬间灵感激发的产物——源于大卫·里斯曼(David Riesman)在 1948 年和 1949 年应耶鲁大学国家政策委员会(Yale Committee on National Policy)邀请而进行的研究。里斯曼是一位受人尊敬的社会学家,过去还是宪法律师,曾担任过路易斯·布兰代斯大法官(Louis Brandeis)的书记员,进行这项研究时,他得到了两位同事瑞尔·丹尼(Reuel Denney)和内森·格雷泽(Nathan Glazer)的协助。"我们做的是一项高瞻远瞩的综合性研究工作",几年后,他解释道,将他们在纽黑文的研究——涉及对哲学、历史、流行文化、精神分析和社会学等方面资料的研究——描述为近年来被称为"跨学科"的学术方法的一个典型例子。①

令其知名的众多因素之一是,《孤独的人群》引入了诸如"内部引导"(inner-directed)和"他人引导"(other-directed)这样的术语,这些术语后来成为习惯用语。这部作品还率先命名并描述了"自我意识社会"(self-conscious society)。1950 年少量首印 1500 册后,这本书开始吸引普通读者。最早昭示该书的读者群将会远远超出专业社会学者这个圈子的是著名文学评论家莱昂内尔·特里林(Lionel Trilling)为读书俱乐部杂志《格里芬》

---

① 参见大卫·里斯曼:《经典引文》(*Citation Classics*),1980 年 7 月 28 日。

（Griffin）撰写的一篇文章，特里林在文中写道社会科学可能会取代小说并成为理解社会的工具。约翰·雷登曾经告诉我："这本书让每个人都大吃一惊。该书一再畅销，大约卖了四五十万册后，大众平装本版权被授予铁锚图书公司（Anchor Books）。耶鲁大学出版社拿回版权后，这本书又卖出了七八十万册。"迄今为止，《孤独的人群》已售出近 150 万册，是学术出版社最擅长业务的典范。该书源于在知名大学的要求下开展的研究项目，该项目的研究结果由被冠以该大学名称的出版机构向世界发布。同样相关的是，它引发了一场对话——学术圈以外的人们带着真诚和信念，就该书展开讨论——和富有成效的争议。

根据社会学家赫伯特·J. 甘斯（Herbert J. Gans）在 1997 年所做的一项研究，《孤独的人群》是美国最畅销的社会学图书。在 2001 年耶鲁出版的耶鲁关注版（Yale Nota Bene）平装本前言中，纽约大学文化学、新闻学和社会学教授托德·吉特林（Todd Gitlin）对导致这一现象的原因进行了分析："基于事后无误的认识方式，我们可以看出，该书对中产阶级怀有同情心，暴露了中产阶级的种种焦虑。中产阶级的形成，伴随着二战后的经济繁荣、居住的郊区化，他们忙着享用房屋的升级换代、各类新机械及社会地位。他们为大萧条和战争的结束感到宽慰，却又对隐藏在日常生活背后的文化和心理剧变感到困惑。"[①]同样重要的是，吉特林继续写道："这本书未使用术语"，"（作者）善于使用诙谐的短语，表达通俗易懂"，尽管"该书主要面向严肃读者，以简短语句简练写就，读来却令人愉悦、有人情味——作者总在侃侃而谈与平易近人，优雅与温暖，微妙与口语化，持重与慈祥之间转换，但更多呈现的是随意与愉快。与大多数学术著

---

① 参见托德·吉特林给大卫·里斯曼《孤独的人群》一书所写的序言。纽黑文和伦敦：耶鲁关注，2001 年，页 12－14。

作不同的是，它并未陷入喋喋不休的定义之中"。简而言之，作为一本严肃的学术著作，这本书可谓面面俱到，并在其出版过程中为所有人带来了可观的利润。

取得这一非凡成就仅仅六年之后，耶鲁大学出版社又迎来了另一种完全不同的成功。小说通常不被视为学术出版的对象，尽管有些大学出版社，如路易斯安那州立大学、内布拉斯加州立大学和西北大学，确实将一些当代作家的新作品列入其出版目录中，而其他大多数大学出版社主要出版新版经典作品，如牛津大学出版社与剑桥大学出版社出版的莎士比亚作品以及弥尔顿作品；加利福尼亚大学出版社正在进行的出版项目——包括出版塞缪尔·兰霍恩·克莱门斯（Samuel Langhorne Clemens）①的全部作品，以及附有艺术家巴里·莫泽（Barry Moser）原创木刻版画插图的精美但丁与维吉尔作品。还有俄克拉荷马大学出版社（University of Oklahoma Press）出版的杰弗雷·乔叟（Geoffrey Chaucer）著作的集注版。类似作品不胜枚举。但是，大多数想象虚构类的作品都是由商业图书出版社出版的。

而剧作家尤金·奥尼尔（Eugene O'Neill）以及耶鲁大学出版社 1956 年出版其作品《长夜漫漫路迢迢》（*Long Day's Journey into Night*）的行为都是十分特立独行的。1953 年尤金·奥尼尔逝世，享年 64 岁，此时他已享誉文学界。1936 年，他获得了诺贝尔文学奖，其三部剧作《天外边》（*Beyond the Horizon*，1920）、《安娜·克里斯蒂》（*Anna Christie*，1922）和《奇异的插曲》（*Strange Interlude*，1928）也悉数获得普利策奖。与此同时，在贝内特·瑟夫的帮助下，他的大量著作找到了心仪的归宿——先后在博尼与利弗特出版社（Boni and Liveright）和兰登书屋（Random House）得以出版。兰登书屋是贝内特·瑟夫与唐纳德·克洛普（Donald Klopfer）在 1927 年共同创立的。《我

---

① 美国著名作家马克·吐温的原名。——译者注

与兰登书屋：贝内特·瑟夫回忆录》(*At Random*：*The Reminis-cences of Bennett Cerf*)是一部令人难忘的出版回忆录，在这部回忆录中，贝内特·瑟夫把尤金·奥尼尔称为"我见过的最美的男人，我说'美'，意思是说，望着他可以令人心灵得到满足"。[①]贝内特·瑟夫曾向剧作家尤金·奥尼尔承诺，在他去世后至少25年内不会出版某一部剧作，最终他信守了这一承诺。出于一系列个人原因，尤金·奥尼尔决定将炙手可热的自传剧本作品进行封存，暂不出版。在封存的各种原因中，重要的是，奥尼尔在作品中详尽披露了他母亲吸毒成瘾的内情。去世八年前，奥尼尔像举行正式仪式一样把完整的手稿交给了瑟夫。瑟夫曾告诉尤金·奥尼尔的传记作者亚瑟(Arthur)和芭芭拉·格尔布(Barbara Gelb)："当奥尼尔给我们《长夜漫漫路迢迢》的剧本时，他想把它封存起来。他坚持要用红色的蜡来密封。我们也去找了一些，但是密封蜡拿来后，没人知道怎么用。我们用了两盒火柴，手上沾满了蜡，最后才设法密封了存放剧本的信封。"[②]离开前，奥尼尔口述意愿，并签署了书面声明，然后请瑟夫在文件上签字，并将声明与手稿一起存放在兰登书屋的保险库中。

据传，奥尼尔一直急于保护他的儿子——耶鲁大学古典系教师小尤金·奥尼尔(Eugene O'Neill, Jr.)，以免他因家庭隐私被披露而陷入尴尬境地。小尤金·奥尼尔在 1950 年英年早逝后，这种担忧也变得没有意义，但密封协议却从未正式撤销。三年后，尤金·奥尼尔去世，卡洛塔·蒙特雷·奥尼尔(Carlotta Monterey O'Neill)成为唯一的遗产继承人与遗嘱执行人，并拥有奥尼尔作品的所有权利。她采取了一些措施来出版剧作并安排戏剧表演。"我们将手稿放在保险柜里，准备完全按他的意愿

---

① 参见贝内特·瑟夫：《我与兰登书屋：贝内特·瑟夫回忆录》，纽约：兰登书屋，1977 年，页 81。
② 参见亚瑟和芭芭拉·格尔布：《奥尼尔》(*O'Neill*)，纽约：哈珀和罗出版公司(Harper and Row)，1962 年，页 862。

办。但在他去世不久，我们得知卡洛塔有了不同的想法：她要求我们不要理会尤金的意愿，立即着手出版那些剧作。"瑟夫在回忆录中写道，"我们当然拒绝了，但是随后得知从法律角度她拥有一切权利，对此我们颇感震惊。只要与她的想法不一致，作者想要的或者作者想要我们做的，都是无效的。当我们坚持说兰登书屋不能罔顾良知去出版这本书时，她要求我们把手稿给她，因为那是她的合法财产。而耶鲁大学出版社和她一样显然并不关心尤金·奥尼尔的意愿，迅速出版了该书。他们于是有了一本畅销书，该书还进入了每月一书俱乐部的推荐书目。但是我不后悔我们所坚持的立场，我仍然认为我们是对的。"[1]面对这一诱人的出版机会，耶鲁大学出版社或许表现得过于积极。有感于对耶鲁大学出版社的这一指责，耶鲁大学图书馆馆员詹姆斯·T.巴布(James T. Babb)给《纽约时报》写信表示，卡洛塔·奥尼尔向图书馆"保证"剧作家最初的出版限制已被解除后，这部手稿——已经成为大学的财产——才得以出版。[2]

瑟夫拒绝卡洛塔的主要原因可能是他极不喜欢她，他没有在回忆录中明确如此表述，但是他对她的厌恶在字里行间是非常明显的。"卡洛塔不希望奥尼尔有好日子过；她想拥有他的一切。"就她似乎在公众场合当众欺负奥尼尔的行为，他这样写道。"随着时间的流逝，卡洛塔变得越来越不理智了。"瑟夫在其他场合这样说道，毫不含糊地暗示她已经快疯了。还发生过这样的事件："当尤金·奥尼尔要进入爱尔兰人的一种愤怒状态时，他会向卡洛塔扔东西。他曾向她扔过一面墙镜，如果砸到她，可能会要了她的命。"

无论如何，由于奥尼尔与耶鲁大学之间的长期关系，耶鲁大学出版社是卡洛塔转换出版方的理想选择。1926年，耶鲁大学

---

① 瑟夫：《我与兰登书屋》，页89。
② 致编辑的信(Letter to the editor)，《纽约时报》，1956年3月11日。

向这位剧作家授予荣誉学位，这是他接受的唯一一个荣誉学位。奥尼尔这样做，是出于他和耶鲁大学戏剧系主任乔治·皮尔斯·贝克（George Pierce Baker）二人之间的友谊，贝克教授是他在 1914 年和 1915 年期间在哈佛大学讲习班学习的教授。此外，奥尼尔的儿子在耶鲁大学获得了学士和博士学位，而且他的文学档案也被指定存放在耶鲁大学的斯特林图书馆。

该剧作于 1956 年发行，同年在斯德哥尔摩首演。斯德哥尔摩的成功演出让百老汇的首演座无虚席，弗雷德里克·马奇（Fredric March）、弗洛伦斯·埃尔德里奇（Florence Eldridge）、杰森·罗伯兹（Jason Robards）和布拉德福德·迪尔曼（Bradford Dillman）等担任主演。该剧于 1957 年获"托尼奖"最佳剧本奖，马奇获最佳男主角奖。随后，尤金·奥尼尔史无前例地第四次获得普利策奖。与此同时，图书销量也快速增长。首印5000 册在三天内销售一空，这也使得《长夜漫漫路迢迢》成为大学出版社有史以来销售最快的图书。同年晚些时候，该书第五次印刷，并在颇为奇怪的情形下改正了一行文字。弗雷德里克·马奇是一位出色的专业演员，据传他会竭尽全力地全面了解自己所扮演的角色，这一次他在剧中出演男主角詹姆斯·泰隆（James Tyrone）。他表示剧本中的一句台词——"上帝保佑你，K. O. 。"——的意思和语境令人迷惑。

当该剧在纽黑文舒伯特剧院为百老汇演出进行预演时，马奇有机会向耶鲁大学贝内克图书馆美国文学馆藏的负责人唐纳德·盖洛普（Donald Gallup）询问是否知道奥尼尔这句话的意思。盖洛普选择直接寻找其来源，即剧作家的手稿原件，而不是卡洛塔根据手稿打印的稿件——戏剧演出使用的也是这一版的稿件。对比手稿后，他发现打字稿缺了一行，而这是极其重要的发现。以下是奥尼尔所写但他的妻子漏掉的内容："上帝保佑你,孩子(他闭上了眼睛,喃喃自语)。最后一杯酒——一杯 K. O.①。"发现这一问题的当晚,马奇把漏掉的这行文字加到了演出中,此后每次演出都有这段文字。大约到 1989 年该书第 61 次重印时,文本研究者又对另一处重要内容做了修改,恢复了以下几行文字,澄清了奥尼尔母亲吸毒成瘾的问题:"这是一种特殊的药物。而我不得不服用它,因为没有别的药物能止痛——所有的疼痛——我说的是双手的疼痛。"为纪念耶鲁大学出版该书 50 周年,出版社发行了有亮丽新封面的平装本。截至那时,该书总销量达到 150 万册,如今每年的平均销量有 1 万册。其中很大一部分卖给了需要阅读奥尼尔剧本的美国文学系大学生。耶鲁大学出版社还出版了尤金·奥尼尔的另外五部作品:《诗人的气质》(*Touch of the Poet*)、《月照不幸人》(*Moon for the Misbegotten*)、《诗人的气质与更庄严的大厦》(*A Touch of the Poet and More Stately Mansions*)、《送冰人来了》(*The Ice-man Cometh*)以及《短剧集》(*Collected Shorter Plays*)。

尽管取得了这些令人瞩目的重要成就,但乔治·帕姆利·戴还是一个业余的出版商,他在耶鲁大学的主要职责是监督大学的财务状况,而不是管理一家学术出版社的日常运作,更不是年复一年地制定严谨均衡的出版计划。1959 年他去世时,《纽约时报》发布讣文,称他为"耶鲁历史上最伟大的筹款人",称赞他在担任大学财务主管期间,将大学的捐赠金额从 1200 万美元提高至 1.01 亿美元。尽管按今天的标准来看这是微不足道的数字,毕竟 2007 年的捐赠额已达到 225 亿美元,但在当时,这还是相当可观的成绩。

在其兼任职务的出版社,乔治·帕姆利·戴拥有一批位居出版社关键职位并值得信赖的助手,他们都是忠诚的耶鲁大学

---

① 一种酒精混合饮料,含有柠檬伏特加、格林纳丁(Grenadine)、柠檬汁、菠萝汁、肉桂和糖粉。——译者注

毕业生，每个人都是一个紧密联系的社区的成员，直接向他汇报。他们主事期间——当时出版委员会教师代表人数很少——为出版社带来的众多重要图书和极力保持的极高文学水准明晰可见。确实，有那么几次，相较于学术，出版社管理者的个人因素和政治观点对图书的出版产生了更大的影响——直到1961年，耶鲁大学出版社一直还是一个独立于耶鲁大学的实体。这种情况日益引起大学行政管理部门的重视，最终促成了出版委员会的改组，改组后的出版委员会在出版社如何开展业务方面拥有了更大的发言权。

耶鲁1936届毕业生切斯特·科尔（Chester Kerr）——1949年至1959年任理事会秘书，1959年至1979年任出版社社长——在一篇非正式的回忆文章中极为简略地提及了这一微妙的情况，这是他为1983年耶鲁大学出版社成立75周年纪念册写的文章。关于乔治·帕姆利·戴，科尔写道："当他的一些活动在第二次世界大战的紧急情况下变得有争议时，校长查尔斯·西摩（Charles Seymour，耶鲁大学1908届毕业生）建议戴放弃社长的职务，满足于理事会主席的职位。为了强调大学对出版机构的控制权，西摩校长要求时任耶鲁大学教务长、研究生院院长的埃德加·S. 弗尼斯（Edgar S. Furniss）兼任出版社社长。"①

关于那一时期那些"比较有争议性"的活动，科尔没有透露具体信息，出版委员会或理事会的会议记录中也没有什么线索。但是，一些迹象至少表明了1941年12月7日之后出版重心是如何被调整的，以及该做法在战时和战后是如何继续的。1942年1月19日，也就是珍珠港事件导致美国与日本和德国敌对六周后，理事会详细讨论了出版社为支持美国应扮演什么样的角色。会议记录记载："会议同意，从现在起，我们必须比以往任何

---

① 《75周年纪念册》，页2。

时候都要更加谨慎地审核拟出版的所有手稿的特点和质量，并加倍努力，以确保印有耶鲁大学出版社标识的每一本图书都毫无疑问地服务于美国的反法西斯事业，并在其各自领域中具有真正的价值。有鉴于此，达成了这样的共识：出版社很可能无限期地推迟某些紧迫性不足的图书的出版，尽管在和平时期尽快出版这些图书是适当的。”

理事会成员还同意出版社“总体上继续其图书出版政策，即出版那些具有文学性、分析性或者其他价值，有助于澄清我们现在所面临的国内和国际问题的图书”。同时，理事会成员也以前一年出版的三本图书为例，表示这些图书的出版是“出版社成就的一件造福于国家的好事”。这三本书包括《太平洋武装部队》(*The Armed Forces of the Pacific*)，美国海军上尉 W. D. 普勒斯顿(W. D. Puleston)对日本海军实力所做的军事评估；专门研究拉丁美洲事务和政治学的著名历史学家休伯特·赫林(Hubert Herring)撰写的《好邻居：阿根廷、巴西、智利和其他 17 个国家》(*Good Neighbors：Argentina，Brazil，Chile and Seventeen Other Countries*)；及《那里有一名飞行哨兵》(*Where Stands a Winged Sentry*)，这是不列颠之战(Battle of Britain)[①]中幸免于纳粹空袭的小说家玛格丽特·肯尼迪(Margaret Kennedy)撰写的一部鼓舞人心的作品，它以日记的形式写成，在空袭数月后出版。珍珠港事件爆发几周后，图书出版数量下降，耶鲁大学出版社也不例外。当时，美国投入运营的大学出版社共有 21 家，其中哥伦比亚大学出版社最为活跃。1941 年，全美共出版 551 种学术著作，哥伦比亚大学出版社出版了其中的 92 种。当年，耶鲁大学出版社在哈佛大学出版社、普林斯顿大学出版社和芝加哥大学出版社之后排名第五，且与排在前

---

① 指二战期间法国沦陷后的 1940 年 7 月至 9 月，其间英国成功抵御德国空军不断的破坏性空袭。——译者注

面的出版社有着不小的差距。

1942 年 4 月 27 日的理事会会议记录中的一个条目说明了这一时期的情况，尖锐地指出了大学出版社出版的图书有时过于深奥，许多图书能接触到的读者非常有限："戴先生表示秘书已给约 200 位作品在过去一年销量不足 5 本的作者写信，提议如果作者允许出版社处置积压图书并出售这些图书的印版以支持国防工作，并不再要求出版社再针对相应作品出具报表或财务报告，出版社可向作者免费赠送一定数量的样书。"后来的消息称，130 位作者欣然同意了这一提议，出版社"交出了近 7 吨的金属，并获得了 900 美元报酬"。

然而，出版社决定结束与一位作者的合作恐怕与处理那些多余的纸张和金属材料没有多大关系。1941 年，耶鲁大学出版社决定断绝与侨居国外的诗人、评论家和翻译家埃兹拉·庞德（Ezra Pound）的合作关系，10 年前耶鲁大学曾出版过庞德的两本书。经过最简单的手续，《阅读 ABC》（*ABC of Reading*）——一本 1934 年出版简明文学入门书，70 年后仍具思想意义——的版权被归还给了作者，该书绝版。[1] 1935 年出版的庞德此前 20 年的评论文集《创新》（*Make It New*），直到 1940 年代庞德居留意大利期间依旧可以买到，但销量很少。耶鲁大学出版社在 1949 年 3 月 25 日写给庞德的妻子多萝西（Dorothy）的信中表示，在整个授权期间，总共产生了 26.32 美元的版税。四年前，即 1945 年，庞德因战争期间一系列亲法西斯主义的行为——包括播出 300 次的反美和反犹广播——被控叛国罪并被带回美国。后来他被鉴定为精神不健全，无法接受审判，被囚禁在华盛顿特区的

---

① 时任耶鲁大学出版社经营副社长的诺曼·V. 唐纳森（Norman V. Donaldson）在 1949 年 3 月 25 日的一封信中向多萝西·庞德（Dorothy Pound）建议：《阅读 ABC》"1941 年 1 月以来已经停印，不再有版税收入。我们并不准备重印该书，因此，将该书版权返还作者"。他还报告，《创新》（*Make It New*）一书产生了 26.32 美元的版税。纽约新方向出版社（New Directions）社长佩吉·福克斯（Peggy Fox）提供了《阅读 ABC》和《创新》的有关出版情况，谨致谢意。

圣伊丽莎白医院，1958 年获释，并被允许返回意大利。最终庞德 1972 年在意大利去世，享年 87 岁。

二战结束时，除了新方向出版社，与庞德合作的所有美国出版商都不再出版其作品。兰登书屋的联合创始人之一、现代图书馆系列（Modern Library）的出版人贝内特·瑟夫则采取了更激进的措施：他下令从 1946 年发行的美国和英国诗歌选集中删除庞德的 12 首诗歌，此举引发了许多知名作家的抗议，他们认为艺术应该与政治分开。瑟夫很快同意在以后的版本中再恢复这些诗，声称他"愤怒地接受了"反对的观点，并称这样做是"为了消除任何可能的压迫的嫌疑，因为我们已经认识到将庞德的诗歌和庞德本人混为一谈是错误的"。瑟夫还明确表示，新书中将包含以下挑衅性语句："他来了。庞德——那个被我们视为卑鄙叛国者的人。"①但是庞德的律师朱利安·康奈尔（Julien Cornell）对此反应强烈，他威胁要提起诽谤诉讼——毕竟这位诗人从未被法院以叛国罪定罪——要求瑟夫改口并删除这两句话。②

与此同时，新方向出版社的创始人兼所有人詹姆斯·劳克林（James Laughlin）则抓住这一时机，取得了庞德所有作品的版权。劳克林一直表示是 1936 年在意大利与庞德的会面让当时 22 岁的他产生了成为一个出版商的渴望，他热切地期望推广庞德的作品并于 1938 年通过出版庞德的《文化导读》（*Guide to Kulchur*）开始了自己的出版事业。两年后，劳克林从法拉和雷内哈特出版社（Farrar and Rinehart）手中购买了《诗章》（*Cantos*）的版权。在《纽约时报》1973 年刊登的一篇长文中，他

①　《纽约时报》，1946 年 3 月 14 日。
②　参见罗伯特·A. 科里根（Robert A. Corrigan）：《我的台词是什么？贝内特·瑟夫、埃兹拉·庞德和美国诗人》（"What's My Line? Bennett Cerf, Ezra Pound and the American Poet"），《美国季刊》（*American Quarterly*），第 24 卷，1972 年，页 101 - 103。

向琳达・库尔(Linda Kuehl)透露:"从那时起,我们每年出一本庞德的书。"琳达・库尔直接问劳克林:"当时出版庞德的书引发了各界对你的批判,对此你怎么看?"劳克林答道:"这从来没有影响到我,因为我知道那个人是个天才。我们都有自己反常的一面。"①1951年,新方向出版社首次出版《阅读ABC》,并且将其纳入新经典系列(New Classics Series)。截至2007年,《阅读ABC》的布面精装和平装本重印不下30次。[1983年接受《巴黎评论》(Paris Review)采访时,劳克林表示,《ABC阅读》是新方向存书目录中庞德最畅销的三种作品之一。]回顾1951年的再版书,哈维・布赖特(Harvey Breit)在《纽约时报》上写道:"对埃兹拉・庞德的钦佩必须始于文学,终于文学:政治上活跃的庞德太可怕了。但文学中的庞德很可爱。"②《创新》中的许多文章都被收入庞德的一本名为《文学论文集》(Literary Essays)的书中,该书1954年由新方向出版社和费伯出版社(Faber and Faber)分别在美国和英国出版,至今仍在出版发行。

1944年,乔治・帕姆利・戴辞去出版社社长职务、出任理事会主席时,埃德加・S. 弗尼斯接任了戴的社长一职,日常运营则由诺曼・V. 唐纳森负责。1915年,唐纳森从耶鲁大学毕业获得学士学位,三年后,他在第一次世界大战期间在海军服役,担任猎潜艇艇长,并获一枚海军十字勋章,退役一年后,他加入乔治・帕姆利・戴麾下,在营销部门工作;后来被任命为耶鲁大学出版社经营总经理。唐纳森在出版社工作40年,1959年退休之时,对耶鲁大学新闻中心的记者说:"我一直都在从事出版社的管理工作,而不是编辑工作,也许你们可以把我称为'管家'。"据切斯特・科尔所述,在编辑事务的决策上,弗尼斯和唐

---

① 参见琳达・库尔:《和詹姆斯・劳克林的谈话:新方向和旧方向》("Talk with James Laughlin: New and Old Directions"),《纽约时报》,1973年2月25日。
② 参见哈维・布赖特:《重复表演》("Repeat Performances"),《纽约时报》,1951年6月3日。

纳森都依靠耶鲁大学 1926 届毕业生尤金·戴维森（Eugene Davidson）。戴维森 1931 年入职，任出版社编辑，1944 年被任命为出版社总编辑，成为新管理团队的成员，尽管这一安排并非所有人都赞同。根据切斯特·科尔的说法，戴维森的任命"让越来越多的耶鲁大学教师感到不安"，因为他明显倾向于"将其个人政治观点强加于出版产出中"。[①] 戴维森偏向于出版一部分"学者"的书稿——科尔给学者一词加上了双引号——这些人，用科尔的话说，"倾向于孤立主义、反对罗斯福、反对苏联以及亲德的立场"，这被视为戴维森的不当行为之一。科尔表示，戴维森的名单上有"许多"这样的作者，但他只列举了三个人：路德维希·冯·米塞斯（Ludwig von Mises）、戴维·J. 达林（David J. Dallin）和查尔斯·A. 比尔德（Charles A. Beard）。他们都是 20 世纪中叶极富争议的人物，其著作曾引起全国各地的经济学家、历史学家、其他学者及评论家的强烈反响。然而，柯尔并未详细阐释自己对戴维森模棱两可的指控，没有进一步解释他带有嘲讽色彩的评论。不过，对其暗指的图书以及它们引发的、有时带有敌意的反响进行认真梳理是具有启发意义的，因为从那时起到现在，出版社的经营结构和将要走的道路都因此而变得更加清晰了。

　　1942 年至 1955 年之间，耶鲁大学出版社出版了路德维希·冯·米塞斯、戴维·达林和查尔斯·比尔撰写的 13 本书。在全球冲突频发及冷战期间，他们提出了明确的观点。尽管科尔认为他们的书并不适合在耶鲁大学出版，但主要的问题不在于他们三人是否有资格为一家知名学术出版社写书——特别是比尔和冯·米塞斯都有着令人印象深刻的履历，知名商业出版机构也出过他们的书——而是他们的稿件之所以被接受，是否是因为他们书中的观点刚好和主编的政治主张契合，并有助于

---

① 参见《科尔报告》，页 3。

x

推动他所拥护的事业。

值得一提的是，尤金·戴维森毫不回避自己的观点。他是一位著述颇丰的作家和诗人，经常为《星期六评论》(*Saturday Review*)、《纽约客》(*New Yorker*)、《耶鲁评论》和《进步报》(*Progressive*)撰稿。戴维森是一个掌握汉语等多门语言、才华横溢的语言学家。从1957年到1970年，他担任外交事务基金会的负责人，并主持"欧洲问题会议"国际研讨会，1986年成为该组织的名誉主席。1959年离开耶鲁大学后，他担任芝加哥《现代》季刊杂志(*Modern Age*)的编辑。10年任职期间，他继续发表评论文章。2000年，密苏里大学出版社出版了他的作品集《10年动荡的反思：1960年代研究文集》(*Reflections on a Disruptive Decade：Essays on the Sixties*)。戴维森的其他著作——都是离开耶鲁大学后撰写的，被评论家们描述为重写20世纪中期历史的著作——包括《纽伦堡谬论》(*The Nuremberg Fallacy*)、《阿道夫·希特勒的出现》(*The Making of Adolf Hitler*)和《阿道夫·希特勒的覆灭》(*The Unmaking of Adolf Hitler*)。戴维森于2002年去世，享年99岁。

在给耶鲁大学出版社撰写第一本书之前，戴维·达林既不是学者，也不是专业作者。达林是俄国革命领导人，隶属于温和的孟什维克派，这一派别是1903年从布尔什维克党分裂出来的。1921年，即列宁禁止孟什维克活动的前一年，达林逃往德国。随着希特勒的崛起，作为犹太人的达林被迫再次流亡，并于1940年移居美国。在美国达林马上开始撰写有关其祖国及其领导人的书籍和文章，成了著名的苏联政治评论员。他的第一本书《苏联的外交政策：1939—1942》(*Soviet Russia's Foreign Policy，1939-1942*)是在他抵达美国两年后出版的，此后他还出版了《俄罗斯和战后欧洲》(*Russia and Postwar Europe*，1943)、《真实的苏俄》(*The Real Soviet Russia*，1944)、《三巨头：美国、英国和俄国》(*The Big Three：The United States,*

Britain，Russia，1945)、《苏俄的强制劳教》[*Forced Labor in Soviet Russia*，1947；和鲍里斯·I. 尼古拉耶夫斯基（Boris I. Nicolaevsky)合著]、《苏俄和远东地区》(*Soviet Russia and the Far East*，1948)、《俄国在亚洲的崛起》(*The Rise of Russia in Asia*，1949)和《新苏联帝国》(*The New Soviet Empire*，1951)。达林著述颇丰,在 1955 年 1 月 10 日的理事会执行委员会会议上备受赞扬,与会的唐纳森指出,这些书的总销量达到六万册,对一家学术出版社来说,这是一个十分可观的数字,而学术图书通常售出数百册就被视为成功。更加可喜的是,唐纳森极富热情地说道,更多类似的图书即将被出版。《苏联间谍》(*Soviet Espionage*)和《变化中的苏俄世界》(*The Changing World of Soviet Russia*)分别于 1955 年和 1956 年出版。此后达林又出版了《后斯大林时代的苏联外交政策》(*Soviet Foreign Policy After Stalin*)。该书并不是耶鲁大学出版的,而是由费城一家商业出版机构——利平科特出版社(J. P. Lippincott)在 1961 年——戴维森离开纽黑文去芝加哥两年后出版。

在 2006 年的一次国际研讨会上,两位研究苏联史的历史学家,国会图书馆的约翰·厄尔·海恩斯(John Earl Haynes)和与他经常合作的哈维·克莱尔(Harvey Klehr)总结了学术界对达林著述的普遍反响。他们指出,"戴维·达林的《苏联间谍》对 1955 年的已知情况进行了彻底而明智的总结。达林本身不是学者,出于对苏联间谍活动的浓厚兴趣,他将大部分公开的资料收集到一本由耶鲁大学出版的书中。但是到 1960 年代后半期,敌意渐浓的学术界开始否定达林的著作,理由是他的大部分证据都来自叛逃者和流亡者的证词,以及国会和联邦调查局的调查结果。这些证据越来越不被信任,而达林过去的孟什维克经历也成为被怀疑的理由。"①

对此，戴维森并没有因他的明星作者受到攻击而感到困扰，在写给《现代》期刊的第一篇文章中，他表明达林的作品"致力于寻找保守主义的根源和形式"。这篇 1960 年发表的、题为"达林先生是学者中的一员"（Mr. Dallin Among the Scholars）的文章并未提及耶鲁大学出版社，但却提到了达林撰写的、耶鲁大学出版的四本图书，并评价它们向美国读者讲述了"一些新鲜事"。"在达林的书中，不乏这些非凡的见解，因为他看清了令许多高层人士倍感困惑的苏联政治的走向和目标。"那些据称感到困惑的人就是"学术圈中那些久经考验的评论家"，这也是戴维森那篇短文的重点，他发现的这种情况特别令人讨厌。"尽管达林用证据支持自己的分析，但其著述在学术圈从来不受欢迎。"关于达林，戴维森写道："虽然教授中也有少数赞赏他的人，但反对他的人要多得多，有人对他怀有敌意，有人只是称他为反苏分子。后者表示，实际上，哪怕他是对的，他描述的未来也太灰暗了，我们一定要让我们的俄国盟友显得更加友善，否则他们将永远也不可能变成这样。"

针对达林 1947 年在耶鲁出版的《苏联的强制劳教》一书，戴维森特地做了如下论述："无须赘言，成千上万人所享有的自由都应归功于这本书所引发的那些事件，但是这与众多学者的观点背道而驰。"这些学者可能正是曾在一家重要的学术出版社担任过 30 多年高级编辑的戴维森的紧密合作伙伴。"知识分子背叛（*trahison des clercs*）的诱因是什么？"他引用 1920 年代流行的、法国作家朱利安·本达（Julien Benda）使用的法语短语问道。这促使他提出了另一个问题："为什么这些学术著作引起了学者们的愤怒或消极抵抗？"尽管答案不甚明了，但戴维森许诺

---

① 参见约翰·厄尔·海恩斯和哈维·克莱尔：欧洲社会史会议（European Social Science History Conference）"国际共产主义和间谍"（International Communism and Espionage）分会，2006 年 3 月，阿姆斯特丹。

在未来数年会继续探索这个问题。"太多的知识分子自觉或不自觉地把对美好社会的向往寄托在极权主义体制上,而这种体制一次又一次地背叛了这些温驯的仰慕者,我们将在以后出版的《现代》期刊中继续探讨这一问题发生的原因。"[1]

和达林一样,奥地利犹太裔经济学家路德维希·冯·米塞斯也逃离纳粹德国并定居美国。在奥地利,他是一位杰出的教育家。他以严格的自由市场理论而闻名于世。1981 年,常为《华尔街日报》和《华盛顿时报》撰稿的小卢埃林·H. 罗克韦尔(Llewellyn H. Rockwell, Jr.)在亚拉巴马州建立了一个以米塞斯的名字命名的政治理论研究中心以拥护其思想。冯·米塞斯拥护自由主义的学说,该学说极度质疑政府对经济的任何干预。据说,米塞斯的很多观点对罗纳德·里根的政策产生了深远的影响。在戴维森的支持下,米塞斯出版了三本书,分别是1944 年出版的《官僚体制》(*Bureaucracy*)、《全能政府:全权国家与全面战争的兴起》(*Omnipotent Government: The Rise of the Total State and Total War*),和其 1940 年的著作《经济学》(*Nationalökonomie*)的修订英文版。1949 年,这本书以《人的行为:经济学论》(*Human Action: A Treatise on Economics*)为名在耶鲁大学出版社出版,时至今日该书仍被视为奥地利经济学派[2]的重要著作。关于《人的行为》的评论并不出乎人们的预料:极右翼读者为之倾倒,而中间派或左派读者则极度沮丧——不过哈佛经济学家约翰·肯尼思·加尔布雷思(John Kenneth Galbraith)为《纽约时报》撰写的这篇文章针对的是耶鲁大学出版社而不是作者。加尔布雷思在文章《捍卫自由主义》("In Defense of Laissez-Faire")中以近三分之一的篇幅评述印在图书

---

[1] 参见尤金·戴维森:《对颠覆性十年的反思:有关 1960 年代的论文集》,哥伦比亚:密苏里大学出版社,2000 年,页 3 - 5。

[2] 19 世纪末奥地利经济学家发展起来的经济理论体系,在确定产品价值时,强调产品对消费者效用的重要性。——译者注

护封上的推荐语：

现在我来说说出版商。不管一个人有多么不同意米塞斯教授的观点，米塞斯依旧是一个博学多才的人，一位著名的教育者。市场尽管有许多优点，但也无法保证所有值得出版的书籍都得到出版，因此一家大学出版社能够出版这本书，这是恰当的，也是有益的。但出版时应该承担一定的学术克制的义务。

出版商印在护封上的声明写道：米塞斯教授的方法与"通常在教室里教授的或过去几十年来征服了西方世界，充满希望、具有革命性但又已经破产的'经济学'没有任何关系"。它指出了过去十年中与米塞斯教授观点不一致的行为所带来的"恶劣"的政治后果。

难道耶鲁大学出版社支持这一全面污蔑当代经济学，包括在纽黑文课堂上讲授的当代经济学，的观点？过去十年中没有遵循米塞斯教授的建议所导致"恶劣"后果是什么？

比如，出版商是否也同意：战争期间，除了加税和通货膨胀，不应实施配给、优先、价格及其他调控？这些调控措施令人厌恶，也许得有人真正去实行这些调控措施，人们才能知道它们是多么令人厌恶，但是什么可以替代这些调控措施，那又会带来什么风险？显然与这部作品出版有关的某人，即便只是进行了看似无辜的复述，也不幸越界了。①

戴维森给《纽约时报》的编辑写了一封信，该信件被编辑精简后——印刷版有五处省略——在该报发表。在信中，戴维森

---

① 参见约翰·肯尼思·加尔布雷思：《捍卫自由主义》，《纽约时报》，1949年10月30日。

表示,护封上的推荐语"只是想提炼"冯·米塞斯的观点。"这是本书收录的一篇重要论文,因此被印在了护封上。"戴维森辩称,"政府对市场经济的干预产生了越来越多的强制性经济制度和政治制度,这导致某些国家产生极权主义,而另一些国家则接近破产。"耶鲁大学使用的经济学教材,他继续写道:"肯定与冯·米塞斯教授的书非常不同,后者试图为整个人类思想问题建立一种科学和哲学的基础"。关于加尔布雷斯提出的最尖锐问题,戴维森如此回应:"冯·米塞斯教授认为,错误的经济决策会带来恶性后果,如战争、百姓流离失所、通货膨胀、物资短缺以及甚至在西方国家也出现了的个人自由的空间的缩减。"①

哥伦比亚大学前历史教授、曾帮助建立了纽约社会研究新学院(The New School for Social Research)的查尔斯·A. 比尔德的两本著作引发了更为强烈的反响。在第二次世界大战爆发前的几年中,他支持孤立主义政策,强烈反对美国加入这场国际冲突。比尔德对争议并不陌生,1917 年,他辞去了哥伦比亚大学的教授职务,以抗议该大学驱逐两名反对美国参加第一次世界大战的同事。在给哥伦比亚大学校长尼古拉斯·默里·巴特勒的辞职信中,他这样写道:"我不得不得出这样的结论:大学实际上被一小撮活跃的受托人所控制,这些受托人在政治上是反动的、短视的,在宗教上则狭隘且还停留在中世纪。"②

过去 30 年,诸多知名商业出版社出版了比尔德的 30 多部历史著作。但是在国际局势动荡不安的时期,他日趋坚定的修正主义观点,导致没有一家商业出版机构愿意出版他的最后两本书:《美国外交政策的制定,1932—1940:责任研究》(*American*

---

① 致编辑的信,《纽约时报》,1949 年 12 月 11 日。
② 《历史学家查尔斯·A. 比尔德去世》("James A. Beard, Historian, Is Dead"),《纽约时报》,1948 年 9 月 2 日。另参见詹姆斯·P. 菲尔宾(James P. Philbin):《查尔斯·奥斯汀·比尔德:美国国际主义的自由主义敌人》("Charles Austin Beard: Liberal Foe of American Internationalism"),《人文主义》(*Humanitas*),第 13 期第 2 卷,2000 年,页 90 - 107。

Foreign Policy in the Making, 1932 - 1940: *A Study in Responsi-bilities*,1946)、《罗斯福总统与战争的到来,1941:表象与现实的研究》(*President Roosevelt and the Coming of the War*, *1941*: *A Study in Appearances and Realities*,1948)。最终耶鲁大学出版社出版了这两本著作。这些书里反复提及的众多主题之一是对罗斯福总统想让美国卷入战争的秘密企图的愤怒指控。"在我看来,如果以专注学术出版而不直接卷入政治为界限,那么,出版查尔斯·比尔德的作品就是耶鲁大学出版社一次真正的越界行为。"耶鲁大学历史学家加德迪斯·史密斯(Gad-dis Smith)告诉我,"我的意思是,出版社确实可以出版有政治目的的学术书籍",但是他强调,这两本书"不过是对罗斯福总统发起的引战攻击而已"。

比尔德去世前六个月——他于1948年9月1日去世,这位美国历史学会前主席获得了美国国家艺术与文学研究所(National Institute of Arts and Letters)颁发的金奖,该奖项每十年颁发一次。《纽约时报》在比尔德的讣告中写道:"作家刘易斯·芒福德(Lewis Mumford)为抗议比尔德博士在战前和战时的孤立主义立场而辞职,但是国家文学与艺术研究所的其他成员则表示该奖项是为其'毕生成就'而颁发的。"①

鉴于那时起留存下来的轶事材料稀少,我们只能推测,这三位广受关注的作者的作品引发的不安给耶鲁大学教授,特别是经济系的教授,带来了怎样的影响。但是种种迹象表明,一切都受到了影响,压力正在变得越来越大,无论这种压力在出版社保存的讨论会议的会议记录中显得多么温和。1948年5月10日耶鲁大学出版社执行委员会议讨论的首要议题是:今后耶鲁大学出版社出版的所有图书是否都应附带一份澄清声明,以说明"那些探讨争议性话题的出版物"不应被视为"旨在反映大学行

---

① 参见《历史学家查尔斯·A. 比尔德去世》。

政人员或教师们的观点，因为耶鲁大学出版社的标志会出现在表达各种观点的重要出版物上"。出席当天会议的三名执委会成员埃德加·弗尼斯（Edgar Furniss）、尤金·戴维森和诺曼·唐纳森（乔治·帕姆利·戴缺席）投票同意下一周向理事会提交该声明（他们不称其为"免责声明"），但是，这一提议在理事会会议上遭到一些会议纪要中未指明的与会者的反对，反对者很可能是教职人员，因为他们未出席此前提案顺利通过的会议。长时间的讨论之后，与会的查尔斯·西摩校长建议将这一提议提交耶鲁大学理事会的出版委员会审议。该提案大概在这一层次上被取消了，因为它此后再未出现在耶鲁大学出版社的任何会议记录中，免责声明也从未成为耶鲁版图书的一种固定格式。

耶鲁大学教职人员另一次反对出版政策的情况也在执行委员会的会议记录中有所体现，这涉及一系列已获准出版的图书。切斯特·科尔在 1983 年的回忆录中只用了一句话来说明这一情况，但是他的简短说明却寓意深刻："耶鲁 1932 届毕业生、法学院的年轻教授尤金·V. 罗斯托（Eugene V. Rostow）在其书中对石油行业表达了过于'自由'的观点，引发了石油公司的愤怒和不满。考虑到这种情况，1932 年，耶鲁大学出版社签约出版三种图书作为回应，这些图书全部由美国石油学会（American Petroleum Institute）提供资助。引发最强烈的反对的或许就是这一事件。"

1948 年出版的罗斯托的《国家石油工业政策》（*A National Policy for the Oil Industry*）一书引发质疑。根据《政治经济学杂志》（*Journal of Political Economy*）发表的一篇学术论文，该书"不受众多石油行业人士的欢迎"，他们指责该书"基于不正确的信息和分析"提出了"笼统的建议"。① 没有一个作者能够永远满足所有读者的需要,但美国石油协会表达不快之外还有更进一步的行动,他们向耶鲁大学出版社捐赠了一笔款项用以帮助"合格的学者对该行业进行自由探索,不受审查",以"查明对该行业的生产、销售、价格、市场及相关问题有影响的事实"。最终,耶鲁大学出版社策划了石油工业著作系列(Petroleum Monograph Series),并出版了三本图书:小拉尔夫·卡萨迪(Ralph Cassady, Jr.)撰写的《石油工业的价格制定和价格行为》(*Price Making and Price Behavior in the Petroleum Industry*,第一本,1954)、埃里希·齐默尔曼(Erich Zimmermann)的《石油生产中的节约:工业控制研究》(*Conservation in the Production of Petroleum: A Study in Industrial Control*,第二本,1957)、梅尔文·G. 德·查索(Melvin G. de Chazeau)和阿尔弗雷德·E. 卡恩(Alfred E. Kahn)的《石油工业的整合与竞争》(*Integration and Competition in the Petroleum Industry*,第三本,1959)。

石油工业著作系列的四页序言用大量篇幅以有力的措辞强调了开展研究并撰写这三本书的作者是由一个独立委员会指定的,后者则由"四位与石油行业无关的经济学家和两名经验丰富的石油业界人士"组成。② 资助经费的来源也被完全公开,并保证对作者的"学术自由度"不加任何限制。因此,那些提供资助的说客们对这一成果显然颇为满意。除了为该项目提供资金——包括"作者、编辑委员会和出版社的各种酬金、差旅费,以及其他支出",他们还购买了许多图书,并确保它们广泛发行。

---

① 参见哈罗德·E. 威廉森(Harold E. Williamson)和拉尔夫·路易斯·安德烈亚诺(Ralph Louis Andreano):《石油工业的整合和竞争》("Integration and Competition in the Oil Industry"),《政治经济研究杂志》,第 69 卷,1961 年,页 381 - 385。

② 参见小拉尔夫·卡萨迪撰写的《石油工业的价格制定和价格行为》,石油工业著作系列,第 1 卷,纽黑文:耶鲁大学出版社,1954 年,页 ix - x。

我仔细研读的该系列第一本就是从马萨诸塞州伍斯特市圣十字学院（College of the Holy Cross in Worcester）的迪南图书馆（Dinand Library）借来的,随书的一张藏书票写着"美国石油学会赠送"。

尽管出版社努力公开整个出版项目的安排,但教师们依旧对所开的先例感到不满。最终的事实是三部反驳耶鲁知名教授的著作的委托图书与该著作由同一家学术出版社出版,且提供资金的正是耶鲁教授在其著作中介绍的行业。在此过程中,切斯特·科尔被出版社聘用,担任理事会秘书,并且为委员会会议做记录。实际上,科尔表示理事会秘书的职位是在当时的耶鲁校长 A. 惠特尼·格里沃尔德（A. Whitney Griswold）的敦促下为他特设的,为的是将科尔"置于唐纳森先生和戴维森先生之间"。科尔详细地记录了敏感讨论——尤其是他 25 年后声称强烈反对的内容——的细节,从中我们可以明显感受到戴维斯给他带来的不安。例如,1952 年 1 月 14 日出版委员会召开的一次会议的内容便颇具参考价值。耶鲁大学出版社和冯·米塞斯签订第三本图书出版合同的设想,以及对出版有关石油工业著作系列图书的忧虑,都在会议的议程上。耶鲁经济系主任劳埃德·雷诺兹（Lloyd Reynolds）应邀出席会议并发言。科尔对他的发言进行了改述,但还是将其话语详细地记录了下来。以下是雷诺兹针对上述两项议题发言的部分内容:

> 雷诺兹先生首先说,他本人并不担忧出版社再次发行《货币与信用理论》（*The Theory of Money and Credit*）一书,但他想将这个问题与出版社在经济学领域的整个出版计划联系起来。他向出版委员会保证,经济系无意过多干预出版社的出版计划。但他补充道,出版社在这一领域的所作所为不可避免地会影响经济系的公共关系。比如,他认为出版社对冯·米塞斯的作品的重视以及拟议中的石油

工业著作系列使经济系教师近年来处于一种非常尴尬的境地……然后,雷诺兹先生继续就石油工业著作系列发表评论。在他看来,许多经济学专业人士对该出版项目充满怀疑,他们不可避免地会得出这样一个结论:当石油行业为此项研究提供资助时,这种研究就不可能完全客观。他还补充道,他认为出版社选择的作者并非各自所在领域的顶级专家。

显然,至此事情已经难以调和了。不过 1959 年戴维森辞去编辑职务,前往芝加哥后,紧张局势开始缓和。其间还有其他一些重要的变化:诺曼·唐纳森被任命为耶鲁大学出版社社长。与此同时,用切斯特·科尔的话说,格里斯沃德校长"鼓励……成立一个成熟的教师出版委员会,不经该委员会同意,社长或编辑都不能用耶鲁大学出版社的名义出版图书"。格里斯沃尔德原来是耶鲁大学历史系的教授,根据科尔之后继任出版社社长的约翰·雷登的说法,他一直积极地将耶鲁大学出版社"更多地纳入大学的轨道"。另外,让耶鲁大学出版社 1961 年正式成为大学的一个部门的正是格里斯沃尔德。为出版社制定的《管理章程》(*Articles of Government*)在篇首就明确指出这一点,同时还表明是格里斯沃尔德发起的政策推动了这一调整,并称赞他坚持出版社"培育耶鲁大学的"和"美国的学术界"的资源,且授权大学对出版社履行"与其对其他学术部门承担的责任相同的责任"。[1] 换言之,这是一个重要的分水岭,从此,出版社就开始向前发展,其经营模式优雅转型,从一家不错的出版社转变为一家卓越的出版社。

---

[1] 参见《1961 年 3 月至 4 月理事会和耶鲁大学公司通过、1978 年 5 月至 6 月理事会和公司修订的管理章程》(*Articles of Government as Adopted by the Board of Governors and the Yale Corporation*,*March-April 1961*,*and Amended by the Board and the Corporation*,*May-June 1978*),1。

之后几年，科尔任命了 22 位杰出的教职人员，担任出版委员会委员。最先担任出版委员会主席的是耶鲁 1922 届毕业生、英国文学学者弗雷德里克·怀西·希尔斯（Frederick Whiley Hilles），在其任职的 13 年间（1950—1963），大约 852 种新书被委员会批准出版。科尔还指出了其他人所做的贡献，包括伦纳德·W. 杜布（Leonard W. Doob）、小拉尔夫·S. 布朗（Ralph S. Brown，Jr.）、贾罗斯拉夫·佩利坎（Jaroslav Pelikan）、G. 伊夫林·哈钦森（G. Evelyn Hutchinson）、罗伯特·A. 达尔（Robert A. Dahl）、C. 范恩·伍德沃德（C. Vann Woodward）、路易斯·L. 马茨（Louis L. Martz）、阿尔伯特·J. 索尼特博士（Dr. Albert J. Solnit）、约翰·E. 史密斯（John E. Smith）、大卫·波特（David Potter）、多萝西·M. 霍斯特曼博士（Dr. Dorothy M. Horstmann）、尤金·M. 怀特（Eugene M. Waith）、威廉·凯森（William Kessen）、哈里·R. 鲁丁（Harry R. Rudin）、埃德蒙·S. 摩根（Edmund S. Morgan）、埃德温·麦克莱伦（Edwin McClellan）、小爱德华·S. 戴维（Edward S. Deevey，Jr.）、大卫·戴维斯（David Davis）、约瑟夫·拉波隆巴（Joseph La Polombara）、罗伯特·特里恩（Robert Triffin）和西德尼·W. 明茨（Sidney W. Mintz）。在此期间在委员会任职的还有中国史教授史景迁（Jonathan D. Spence）和 A. 巴特利·贾马蒂（A. Bartlett Giamatti）。后者是通俗文学教授，1978 年至 1986 年曾任耶鲁大学校长，是耶鲁历史上最年轻的校长。1988 年起，他还担任美国职业棒球大联盟的总干事，直到其一年后去世，享年 51 岁。

约翰·雷登在 1998 年纪念法学院教授拉尔夫·布朗在耶鲁执教 50 年所做的演讲中详述了出版委员会做出的贡献。拉尔夫·布朗 1963 年加入出版委员会，从 1968 年起担任出版委员会主席，直至 1981 年卸任，是耶鲁大学出版社的坚定支持者。雷登在演讲中称："出版委员会被人们称为'PC'，其成员的位置是耶鲁大学最令人垂涎的职位之一，委员会享有大学最佳流动教师研讨会的美誉。"雷登的这番讲话后来发表在《耶鲁法律》期刊上："它的成员掌握着耶鲁大学出版社的出版权，只有当提议出版的图书达到耶鲁的最高标准并接近大学所追求的最终目标时，委员会才会同意出版。换言之，只有足够好的、配得上扉页和书脊上'耶鲁'二字的书才会获准出版。"①

雷登说，布朗和耶鲁大学出版社有着一段"长期的亲密关系"，并指出，他早在成为耶鲁教师之前，就已经对推动出版社的长期发展充满了激情。"为了赚取攻读耶鲁法学院的学费，拉夫尔参加了《耶鲁霍勒斯·沃波尔书信全集》的出版工作。这项艰巨的出版工程耗费了半个世纪的时间，出版了 48 册图书。威尔玛斯·刘易斯的慷慨解囊让这一项目得以实现。拉夫尔编辑了沃波尔系列的第 9 卷和第 10 卷。他的名字也出现在书名页，位列刘易斯之下，其贡献体现在该书的注解中。那一年研究生院流传着这样一个笑谈："霍勒斯·沃波尔以风趣、博学和迷人而著称，但拉夫尔的注解比霍勒斯·沃波尔更风趣、更博学、更迷人。"

雷登称，据他估计，布朗教授参加了 200 多次出版委员会会议，主持了 150 多次会议，这些会议促成了 1000 多种耶鲁版图书的出版。"在此过程中，他指导了耶鲁的一批学者，那时和现在一样，这些学者更习惯于指导别人而不是被人指导。出版委员会的资深成员会告诉你，拉尔夫的领导风格有两个特点。首先，他很公正。其次，他擅于主持会议。每本书和每位作者都得到了公正的审议。无论会议议程有多长，也无论问题有多么棘手，所有的意见都会被听取，一切都会轻松解决。他对达成共识有着不可思议的诀窍。最棒的是，他能让这个过程变得有趣。"

---

① 参见《拉尔夫会说什么？》（"What Would Ralph Say?"），《耶鲁法律研究》（*Yale Law Journal*），第 108 卷，1999 年，页 1479 - 1481。

第二章 发展壮大时期

1946 年学术出版联合会为共同目的成立。1949 年，联合会就学术出版社活动发布了一份名为"美国大学出版社调查报告"的详尽的调查报告，该报告由美国学术协会理事会（Council of Learned Societies）和洛克菲勒基金会（Rockefeller Foundation）资助。这项研究并未特别关注任何里程碑性质的大事件，但它的确反映了北美地区学术出版 70 年左右的发展历程，并为美国大学出版协会的 35 个成员单位提供了一个以集体形式来表达其所扮演角色和肩负使命的机会。长达 302 页、被称为"科尔报告"的这部研究报告被当时的业界广泛引用，其作者是耶鲁大学的年轻毕业生切斯特·布鲁克斯·科尔。报告发布不久，他便被乔治·帕姆利·戴聘为耶鲁大学出版社秘书。这项任命很大程度上源于对他所做的调查工作的认可，以及他在报告中对耶鲁大学出版社高质量出版成果的高度赞扬。十年后，切斯特·科尔将接替诺曼·唐纳森，担任耶鲁大学出版社社长。

在研究过程中，科尔采访了 35 家大学出版社的社长，他明确表示，数据评估绝不是简单地核查数字和统计数据，还包括与 35 位社长的直接接触，他们对于大学出版社到底是一种什么组织有 35 种不同的理解和定义，时至今日，其中的许多观点依旧正确。对社长的这些反馈，科尔写道："有些人说得十分具体，而另一些人就像《彼得与狼》(*Peter and the Wolf*)①中朝着各个方向扫射的猎人一样，面面俱到。② 大多数人都品德高尚。更重要的是，社长们的基本共识有着惊人的相似性。"在执掌耶鲁大学出版社六年后，乔治·帕姆利·戴在新泽西州普林斯顿召开的美国大学出版协会会议上发表的一次演讲吸引了科尔的特别注意。1914年，戴曾发表声明称："大学出版社的功能无非是通过印刷、出版或两者兼而有之，为整个世界提供独特的服务，并以这种方式服务于教育事业，这也要求大学对其名下的出版社有所投入。"③科尔总结道：这个声明"完全禁得起时间的考验"。在报告的倒数第二段，科尔因另外一个精彩观点再次提到他未来的上司："我们美国大学出版社不进行任何政治宣传，但是在我们的书目中，我们可以发现许多图书，如果这些书被广泛阅读，它们将会为我们的民主制度在深思熟虑的、明智的决策方面提供所需的许多知识。"④

报告发表后不久，科尔在接受行业杂志《出版商周刊》(*Publishers Weekly*)的采访时称，学术出版是"大学的第三种职能，没有学术出版，大学是不完整的"。他说，大学的首要职能是服务于"从事教学和研究"的教师。⑤ 然后他继续说道，图书馆是必不可少的"知识仓库"。科尔总结道："要让大学变得完整，就要拥有出版社。"科尔分享了著名藏书家、耶鲁大学的知名捐助人威尔玛斯·谢尔顿·刘易斯曾经试图向著名物理学家 J. 罗伯特·奥本海默(J. Robert Oppenheimer)表达同样观点的故事。解释这个概念时，科尔称，刘易斯一开始毫无进展，直到他

---

① 苏联作曲家普罗科菲耶夫为儿童写的一部交响乐童话。——译者注
② 《科尔报告》，页 12。
③ 《科尔报告》，页 12。
④ 同上，页 267。
⑤ 威廉·H. 霍南(William H. Honan)：《学术编辑切斯特·布鲁克斯·科尔去世，享年 86 岁》("Chester Brooks Kerr, 86, Scholars' Editor")，《纽约时报》，1999 年 8 月 26 日。

在黑板上写下"教师＋图书馆＝出版"。

如今，"科尔报告"已不可能吸引学术出版领域之外的读者，但是细细品味确实能让人体会到作者的风格、不时流露出的揶揄的幽默——他用《彼得与狼》所做的比喻亦是如此——以及娴熟的文字能力——从其在出版社任职期间撰写的理事会会议记录中可见一斑。更具参考价值的是，报告也让人们得以洞察他被任命为出版社社长后将实施的管理风格，尤其是"与大学的关系""与学者的关系"这两个章节以及结尾部分的"一些个人见解"部分——科尔在其中表达了自己对出版业变革及发展趋势的看法。例如，在学术出版社自负盈亏的问题上，他的看法是："若干年之后——我必须强调这需要很多年——如果一家出版社经营得当，它是可以做到自给自足的。"①

科尔对第一批美国大学出版社俱乐部式的起源略加赞扬，同时强调，（出版社）显然需要加强队伍的纪律，雇用有能力的员工，这些员工要由受过良好商业教育的专业人士来指导。他写道："一开始，大学出版社的出版动力来自那些具有远见卓识的大学管理者、充满活力的学者、视野开阔的图书馆员、有见识的校友和致力于印刷艺术的专业人员。如今，这些人提供的激励依然是大学出版社最宝贵的财富之一。然而，今天这种动力已经被传递给新一代出版专业人员，他们献身于学术事业，也接受过出版技术方面的培训。"

高超的管理能力以及商业实际操作经验这两项关键素质恰好也是科尔的个人素质，他肯定在申请耶鲁大学出版社职位的简历中强调过这种个人素质。1936 年，科尔从耶鲁大学获得学士学位，其室友是有志成为作家的约翰·赫尔西（John Hersey）。科尔曾在哈考特和布雷斯出版社（Harcourt，Brace）从事编辑工作，并在新成立的大西洋月刊出版社（Atlantic

---

① 《科尔报告》，页 263。

Monthly Press)担任社长。第二次世界大战期间,科尔曾在战争情报办公室和国务院海外出版局担任图书部主任,负责出版口袋版当代文学作品,这类书被称为"军队特供版图书"(Armed Services Editions)。整个军版图书项目实施期间,共出版了1322 种图书,印刷 1.23 亿册。战后,科尔在纽约的雷纳尔和希区柯克出版社(Reynal and Hitchcock)担任副社长。

在纪念耶鲁大学出版社成立 75 周年的一篇文笔轻快的回忆文章中,科尔毫不羞涩地赞扬了自己执掌耶鲁大学出版社 20 年来取得的成就。他写道,在 1960 年代至 1970 年代(科尔任职期间),耶鲁大学出版社"实现了稳步发展并达到一个新的规模。出版社每年出版的图书也由 30 种增长到 90 种,平装本也作为补充文本站稳了脚跟"。在他任职期间,出版社员工增至 60 人。他在文中提到了自己:"截至 1979 年科尔退休,出版社的销售额增长了 10 倍,达到 400 万美元。"那期间,耶鲁大学出版社总部两度搬迁,先是 1959 年从榆树街 143 号的英格索尔总督府(Governor Ingersoll House)搬到约克街 149 号的老邦德面包房(Bond Bakery building),15 年后再从老邦德面包房迁至今天的圣殿街(Temple Street)302 号这栋迷人的建筑中。最重要的应该是 1961 年做出的决策,即将出版社变成耶鲁大学的一个部门,通过理事会,出版社要就其经营活动向耶鲁公司(Yale Corporation)负责。在其撰写的回顾任期的文章中,科尔称这一变革对耶鲁大学出版社扩大其学术出版的影响力至关重要。他写道:"许多人认为这一变革加强了耶鲁大学出版社与耶鲁大学行政部门之间的联系,更重要的是,这标志着耶鲁大学出版社作为美国一家负责任的学术出版机构,开始了其健康发展的新时期。"①

确实,科尔之后继任社长的约翰·雷登在接受我的采访时

---

① 《科尔报告》,页 4 - 7。

强调，其前任取得的众多成就之一就是和耶鲁大学确立了这种新型的关系。"严格来说，今天的耶鲁大学出版社是由理事会管理的一个机构。理事会由大学校长、高级行政人员、高级教师以及几位校外人士组成，校外人士都是出版商，每届通常有六人。耶鲁大学出版社社长向理事会负责，"雷登称，"今天的大学校长就像法国国王，如果他愿意，就可以取消理事会。但他没有这么做，这是一件好事。这也正是切斯特·科尔在推进耶鲁大学出版社变革时竭力要构建的组织形式，它为出版社提供了保护，此后，这一形式让各方都颇为满意。"

切斯特·科尔身体健壮、精力充沛，喜欢穿萨维尔街（Savile Row）①定制的精美西装，据说，切斯特认为自己就是出版社的象征。"没错，"当我请雷登谈谈前任社长时，他会心地笑了，他表示，"在切斯特看来，他和耶鲁大学出版社是一体的。他的影响力很大，但有时这也确实是一种阻碍。他是一位出色的推广者，但他在推广出版社的同时也在自我宣传。这么做有时对出版社的发展大有裨益，但有时又会阻碍出版社的发展。"科尔在出版界同行中享有极高的声誉，1976 年美国大学出版协会发表的一篇新闻通讯对科尔大加赞美，文章在标题中将科尔誉为大学出版社"高雅的学术出版'教父'"。"科尔慵懒的旧式魅力下是敢作敢为的胆识。他是学术出版人的典型代表，穿定制的休闲英国西装，蓄着安东尼·艾登（Anthony Eden）②式的小胡须，全身散发着烟斗烟叶的醇香。"③

此次为回顾耶鲁出版历程接受采访的受访者一致认为科尔是个神气十足的人，他的这种气质为他的崇拜者所喜爱，令批评

① 位于伦敦西区，以定制男式西服而闻名于世。——译者注
② 安东尼·艾登（1897—1977），英国政治家、外交家，曾任英国外交部部长、英国首相。——译者注
③ 参见《美国出版商协会简讯》（*APP Newsletter*），1976 年 12 月 6 日，约翰·特布尔：《美国图书出版史》，第 4 卷，页 635，纽约：R. R. 鲍克出版社，1972—1982 年。

者感到厌烦。不管如何，没有一个受访者对科尔其人或其行事风格持中立态度。在耶鲁大学出版社担任编辑 29 年、1989 年退休时任执行总编（executive editor）的玛丽安·尼尔·阿什（Marian Neal Ash）这样评价道："切斯特就是你所说的那种有着威严气场的人，他身形壮硕，而且当他进入你办公室时，你就很清楚他在那里了。"

历史系斯特林讲席教授埃德蒙·S. 摩根（Edmund S. Morgan）从未受雇于耶鲁大学出版社，但他与出版社往来多次。他是 2002 年出版的本杰明·富兰克林传记的作者，该书精装本销量已超过 12 万册。同时，他也是富兰克林文献项目理事会的成员，在科尔执掌出版社的大部分时间里，还是耶鲁大学出版委员会的委员。一天早上，摩根在他位于纽黑文的家中对我说："切斯特是个十分自负的人，但我不得不承认他确实很有自己的风格。"他补充道："切斯特和金曼·布鲁斯特（Kingman Brewster）是极好的朋友，这对他的地位当然也颇为有利。"他所说的布鲁斯特曾在 1963 年至 1977 年期间担任耶鲁大学校长，是个充满活力的行政官员。摩根接着又说："我提到的风格其实无法定义。切斯特确实把出版社视为他的个人领域，但是如果真像他一样确实做了好事，或许那也无可厚非。但他常常不顾他人意愿一意孤行。"

摩根回忆了与科尔会面讨论任命威廉·S. 威尔科克斯（William S. Wilcox）担任富兰克林文献项目理事会成员的事宜。当富兰克林文献项目开始编纂本杰明·富兰克林旅居英国期间的相关文章时，摩根请密歇根大学的威尔科克斯来指导这一部分的编纂，并希望他在理事会上也有发言权。摩根说："比尔·威尔科克斯是编辑富兰克林这一时期文集的理想人选，我让历史学院聘请他为兼职教授，并任命他为文集的编辑。我去找切斯特讨论这件事，切斯特毫无疑问把富兰克林文献视为他个人的项目。于是，当谈论到是否应让比尔·威尔科克斯加入理事会时，切斯特说：'我们雇用了他，不是吗?'我说：'切斯特，这正是你的问题，一直以来的问题。你总认为为你工作的人都是雇来的帮工，这次不是了，想都别想。我一定会让比尔成为理事会成员的。'并且我确实这样做了。那段时间，我处事比较强硬。不过，正是在类似的情况下，我会和切斯特有一些交锋。他得罪了许多人。"摩根关于科尔把富兰克林文献视为"他个人的"项目的断言，被一幅悬挂在出版社办公室墙上的、这位前任社长的肖像画所证实，画面上的人物穿着精美、整洁的西装外套，叼着烟斗，在心满意足地喷云吐雾。他的双臂很随意地交叉在一起，左手紧握着一本书，书的封面朝外，封面上印着醒目的书名——《本杰明·富兰克林全集》(*The Papers of Benjamin Franklin*)。

副社长兼出版总监蒂娜·C. 维纳(Tina C. Weiner)拥有史密斯学院的艺术史学位，自 1971 年加入耶鲁大学出版社以来，曾在出版社多个岗位任职。她对科尔的印象是，他具有"出色的出版天赋"。她称赞科尔"让耶鲁大学出版社闻名于世"。维纳说，他"知道如何在纽约出版界开展竞争性的营销推广"，并表示自己从他那里学到了很多关于图书营销和出版的知识，这成了她的专长。"我还要说的是，他反复无常又专制，像经营老式的男孩俱乐部一样经营出版社。女性员工的薪水通常也比男性低，女性表现明显更为优异时亦是如此。"话虽如此，维纳依旧称赞科尔在创办伦敦办事处，以及为艺术和商业出版项目奠定基础方面所具有的"前瞻性"，"他鼓励所有编辑创新，并鼓励我和我的同事建立了一个更具进取心和创新性的营销部门"。

加迪斯·史密斯(Gaddis Smith)是耶鲁大学历史学院拉宁德教席荣休教授(Larned Professor Emeritus of History)，他撰写了大量的历史著作，包括一本有关 20 世纪耶鲁大学的、正在创作的作品。他对科尔及其经营方式有着另一番见解。他告诉我："切斯特富有创造力，以自我为中心，是一个非常有趣的人。

他很风趣,妙语连珠,而且非常擅长社交。他住在汉弗莱街的一栋大房子里,他和妻子因经常举办聚会而为人所熟知。"史密斯称,他相信科尔的幽默感很可能与《文兰地图与鞑靼关系》(The Vinland Map and the Tartar Relation)一书的出版时机有关。① 这是耶鲁大学出版社历史上最具争议的一本书,时至今日,人们依旧对它争论不休。② 该书即将出版的消息一经发布便引起世界的关注,这充分证明科尔强有力的公关策略的成功,但这本书发行后,事态的走向超出了他最初设计的方案。

　　1965 年 10 月 11 日通告的公开意图是:以一种非常引人注目的方式,宣布当时有明确而有说服力的证据表明,第一个来到北美的航海家并非 1492 年登陆的克里斯托弗·哥伦布(Christopher Columbus),而是 11 世纪的维京海员莱夫·埃里克森(Leif Eriksson)。无论怎么说,这确实都是一条大新闻。这个故事更引人注目是,出版社一直刻意对这个学术出版项目的所有细节保密,直到全美成千上万的意大利裔美国人庆祝哥伦布日的前一天,耶鲁大学出版社才发布该书出版的消息。许多观察家认为这并非巧合。大西洋两岸的报纸都被这一消息所吸引,尤其是《纽约时报》,把这一故事放在头版,横跨三个栏目的大幅标题是"1440 年的地图描绘了新世界"。《纽约时报》刊登了该地图,冰岛、格陵兰岛以及我们今天所称的北美——在图上被称为文兰岛(Vinland)——的东北海岸都被醒目而又精确地标出了。地图上两处解释性的文字被称为说明(legend),增加了视觉证据的分量,这两句拉丁文似乎明确地记录了这一轰动的主张。据说,这两句话是哥伦布乘着圣玛丽亚号启航前半个

① 文兰地图是 1957 年发现的一幅古地图,因上面绘有文兰岛而得名。这幅地图将发现北美大陆的时间提前至 11 世纪。此后,有关该地图的真实性一直存有争议。文兰地图目前保存在耶鲁大学。——译者注

② 有关文兰地图的综述参见《文兰地图和鞑靼的关系》第 2 版《文兰地图》("The Case of the Vinland Map")一文,纽黑文和伦敦:耶鲁大学出版社,1995 年,页 xxi - xxvii。

世纪，一个不知名的抄写员从时间更早、今天已失传的来源抄写下来的。

　　一群耶鲁的学者们很好地表述了这一事件引发的种种后果，他们把这幅地图称为"20世纪最激动人心的制图发现"。这幅用棕色墨水绘制在羊皮纸上的地图宽11英寸、长16英寸，早在8年前就被发现，它装订在一卷手稿中，那份手稿记载了1245—1247年间罗马教廷在蒙古或当时基督教徒所称的鞑靼（Tartars）的一次传教活动，手稿作者是方济各会传教士、被称为柏朗嘉宾的约翰修道士（Friar John of Plano Carpini）。这幅地图与13世纪大主教远东之旅文献之间的唯一联系是，两者被装订在同一部皮面书中。这两份文书是1975年纽黑文的古书商劳恩斯·C. 维滕二世（Laurence C. Witten II）通过瑞士中间商尼古拉斯·劳赫（Nicolas Rauch），以3500美元的价格从居住在西班牙巴塞罗那的意大利书商恩佐·费拉乔里·德里（Enso Ferrajoli de Ry）手中购得的。一位匿名捐赠者为耶鲁购得该地图，一则发表的报道显示购买价格为30万美元，但此价格并未得到确认。30年后，这一慷慨的捐赠者的身份才被公开，是伟大的耶鲁慈善家保罗·梅隆（Paul Mellon）。

　　当时的耶鲁大学图书馆员詹姆斯·塔尼斯（James Tanis）称文兰地图是"近代耶鲁图书馆最激动人心的收藏，甚至比耶鲁收藏谷登堡《圣经》（Gutenberg Bible）[①]和《海湾圣诗》（Bay Psalm Book）[②]的意义更大。"[③]亚历山大·O. 维特（Alexander O. Vietor）是耶鲁大学地图文献的负责人，也是被允许研究这份布满褶皱的文书的学者之一。他曾大胆宣称文兰地图是"耶鲁收藏的最重要的一幅地图"，耶鲁收藏的众多稀有地图还包括

著名的 1489 年亨里克斯·马提勒斯世界地图①,该基准地图描绘了哥伦布首次踏上发现之旅三年之前欧洲人所了解的世界。亚历山大·O. 维特的鉴定结果得到了包括大英博物馆地图文献负责人罗利·A. 斯凯尔顿(Raleigh A. Skelton),大英博物馆印刷图书文献馆的古本图书助理馆员乔治·D. 佩因特(George D. Painter),以及耶鲁大学中世纪和文艺复兴时期手稿文献收藏部负责人托马斯·E. 马斯顿(Thomas E. Marston)等人的支持。

轰动性的主张之外,发布时间也值得一提。加迪斯·史密斯告诉我:"当时纽黑文被认为是意大利以外意大利裔人口占比最高的城市。而且我们纽黑文市的许多市长都是意大利裔,'哥伦布骑士团'(Knights of Columbus)②全球总部也在纽黑文,美国比萨也始于纽黑文伍斯特街(Wooster Street)的弗兰克·派普和萨莉两家比萨店。因此,这里的人对此极为愤怒。切斯特·科尔则称:'哦,这只不过是个巧合。'然而,我从不相信他的话。"如果这种反对仅限于当地居民的愤怒,那么这一事件可能还不会产生那种吸引力,但是这种愤慨已远远超出了纽黑文的范围。美国意大利历史学会会长约翰·N. 拉科特(John N. La Corte)在这一消息发布的当天坦率地表示,他和他的同事将"让耶鲁大学吃不了兜着走"。③ 喜剧演员吉米·杜兰特(Jimmy Durante)是这一事件中值得一提的公众人物,他开玩笑说,尽管他并不认识哥伦布,但他可以确定,当这位探险家到达美国时,他的"观众只有印第安人,没有挪威人"。约翰·林赛(John Lindsay)是耶鲁大学 1944 届毕业生,并于 1948 年获法学学士

① 德国人亨里克斯·马提勒斯 15 世纪晚期绘制的一幅世界地图。1962 年地图被匿名赠予耶鲁大学。——译者注
② 哥伦布骑士团,世界上最大的天主教徒互利服务组织,1882 年成立于美国康涅狄格州纽黑文市,为纪念克里斯托弗·哥伦布而以其名字命名。——译者注
③ 《纽约时报》,1965 年 11 月 25 日。

学位。他是国会议员，后来成为纽约市长候选人，而纽约拥有大量意大利裔美国人选民。他说："哥伦布未发现美洲的说法，就像说迪马吉奥①不懂棒球，或托斯卡尼尼②和卡鲁索③都不是伟大的音乐家一样荒谬。"

与此同时，科尔坚称，新书发布日期是根据制作时间的变化而确定的，而不是急于利用一次公关机会。"我们原计划在春季出版这本书，但是审阅校样时耽误了一些时间，因此直到 6 月才能出版。"④他在 1968 年的一次采访中强调，其后几年又多次重复了这一说法。"我不想让这本书在读者读书相对较少的夏天上市，所以我们一直等到秋天。"起初，科尔宣称这本书将于 10 月 9 日发布，就在那一年，林登·约翰逊总统宣布这一天为莱夫·埃里克森(Leif Eriksson)的全国纪念日，但 1965 年 10 月 9 日是周六，新闻更新慢，因此，科尔选择了两天后的周一。科尔说："这也是我犯的一个大错，人们总是指控我为了支持莱夫·埃里克森而抹黑哥伦布，而真相是这完全是个意外。"

出版委员会会议记录首次提到《文兰地图》是在 1963 年 2 月 18 日，科尔告知同事："不久一份激动人心的手稿将会被提交至出版社，这是一个与耶鲁大学有联系的匿名收藏家获得的一幅哥伦布发现美洲前的西方世界地图，它有望成为近年来发现的最有历史意义的地图之一。针对这幅地图，大英博物馆地图文献部门负责人 R. A. 斯凯尔顿(R. A. Skelton)已经撰写了四万字的研究文章，乔治·佩因特(George Painter)、托马斯·马

---

① 乔·迪马吉奥(Joe DiMaggio, 1914—1999)，美国传奇棒球运动员。——译者注
② 阿尔图罗·托斯卡尼尼(Arturo Toscanini, 1867—1957)，世界著名音乐指挥家。——译者注
③ 恩里科·卡鲁索(Enrico Caruso, 1873—1921)，世界著名男高音歌唱家。——译者注
④ 《学术出版："疯狂的方法"》("Scholarly Publishing：'Madness with a Method'")，《耶鲁校友杂志》(*Yale Alumni Magazine*)，1968 年 4 月，页 16 - 23。

斯顿(Thomas Marston)和亚历山大·O.维特也将为该书撰写研究文章。"两个月后,出版委员会被告知,地图可能绘制于1440年,"这个年份可以被确认","耶鲁大学出版社应该欢迎手稿的提交"。1964年3月11日,该书出版前7个月,科尔就在预测当年秋季将会是"出版的丰收季","或许是耶鲁大学出版社新书表现最为强劲的一个季度,尤其是首推的《文兰地图与鞑靼关系》,这部作品从学术角度介绍了耶鲁大学图书馆最重要的两项收藏"。

颠覆性的地图研究作品是当仁不让的主角,但是科尔在发言中还特别兴奋地提及其他一些引人注目的图书,这些书将和《文兰地图与鞑靼关系》同时出现在新书目录中,这些作品像快照一样展示了当时——耶鲁大学出版社成立50周年前夕——出版社的典型书目是什么样的。当时的其他新书包括:勒内·杜博斯(Rene Dubos)的《人类适应性》(*Man Adapting*)、威廉·K.温莎特(William K. Wimsatt)的《亚历山大·蒲柏传》(*The Portraits of Alexander Pope*)、R. W. B.刘易斯(R. W. B. Lewis)的《文字的审判:美国文学与人文传统随笔》(*Trials of the Word：Essays in American Literature and the Humanistic Tradition*)、查尔斯·西摩的《巴黎和会上的来信》(*Letters from the Paris Peace Conference*)、W.特伦坦·杰克逊(W. Turrentine Jackson)的《西部马车路:密西西比河以西联邦道路测量与建设研究,1846—1869年》(*Wagon Roads West：A Study of Federal Road Surveys and Construction in the Trans-Mississippi West，1846–1869*)和威廉·史蒂文森·史密斯(William Stevenson Smith)的《古代近东地区间的相互联系:埃及、爱琴海、西亚之间的艺术联系》(*Interconnections in the Ancient Near-East：A Study of the Relationships Between the Arts of Egypt，the Aegean，and Western Asia*)。在会议上,科尔还提及其他四位作者及其著作:科林·麦克菲(Colin

McPhee)的《巴厘岛音乐：巴厘岛管弦乐的形式和器乐组织研究》（*Music in Bali：A Study in Form and Instrumental Organization in Balinese Orchestral Music*）、卡罗尔·L. V. 米克斯（Carroll L. V. Meeks）的《意大利建筑：1750—1914 年》（*Italian Architecture，1750 - 1914*）、马歇尔·D. 舒尔曼（Marshall D. Shulman）的《超越冷战》（*Beyond the Cold War*），以及耶稣会士罗伯特·伊格纳修斯·伯恩斯（Robert Ignatius Burns）的《耶稣会士与西北印度战争》（*The Jesuits and the Indian Wars of the Northwest*）。上述四种图书的出版将会推迟，最终于 1966 年面世。此外，威尔伯·R. 雅各布斯（Wilbur R. Jacobs）的《弗雷德里克·杰克逊·特纳的历史世界以及他的通信选集》（*The Historical World of Frederick Jackson Turner，with Selections from His Correspondence*）将于 1968 年出版发行。

　　同样，1964 年 5 月 18 日的出版委员会议也没有讨论任何有争议性的图书或新闻报道，会议还同意出版其他一些学术著作，其中有布鲁诺·基奇（Bruno Kisch）的《天平与砝码简史》（*Scales and Weights：A Historical Outline*），这是将要出版的新系列科学和医学史系列（History of Science and Medicine）的第一部作品。当天会议还讨论了其他事项，伦纳德·拉巴雷（Leonard Labaree）的《本杰明·富兰克林全集》第 8 卷"顺利被接受"；耶鲁经济学研究系列（Yale Studies in Economics）的最新作品，即威廉·G. 谢泼德（William G. Shepherd）所著的《公有制下的经济绩效：英国的燃油和电力》（*Economic Performance Under Public Ownership：British Fuel and Power*），和琳达·夏（Linda Hsia）的《说汉语：补充材料》（*Speak Chinese：Supplementary Materials*）都被同意出版。但是让这次会议记录——距离《文兰地图与鞑靼关系》成为出版社多数会议讨论的主要议题还有 18 个月——变得异常有趣的是一次长时间的讨论，该讨论被总结并收录在"新书稿——综合类"的标题之下,是委员会就是否接受著名流行病学家罗伯特·B. 伯罗斯博士(Dr. Robert B. Burrows)的书稿——作品名称有些令人发怵,是《人类寄生虫的微观诊断》(*Microscopic Diagnosis of the Parasites of Man*)——而展开的哲学辩论。出版委员会关注的重点是"对于这类实验工具性质的图书应采取何种出版政策,多数委员认为,如果该书被认为具有开创性,是所在领域的重要成果,且销量有限、商业出版社不感兴趣——这些条件伯罗斯博士的作品似乎都满足——那么,出版社出版这本书就是在做一件好事"。这部书稿最终被接受,并于次年出版。出版委员会在 1965 年 12 月 6 日的一次会议上也照常讨论了许多事项,并提到一个好消息——1965 年 11 月 25 日伦敦出版的《泰晤士文学增刊》(*Times Literary Supplement*)将 240 种图书评选为"过去五年美国最重要的图书",耶鲁大学出版社发行的 27 种图书入选,比例超过 10%,这是一项非凡的成就。

在《文兰地图与鞑靼关系》公开面世前一个月,科尔和同事们分享了一个"振奋人心"的好消息:此前一年,耶鲁大学出版社的销售码洋"创历史最高记录,而当年前两个月的财务数据表明,1965—1966 年度的销售码洋还将打破目前的记录"。与强劲销售数据一同发布的是另一则消息:出版社历史上定价最高的图书,即定价 200 美元、约瑟夫·阿尔伯斯(Josef Albers)的《色彩的互动》(*Interaction of Color*)一书几近售罄。① 该书有 150 个彩色丝印页面,限量发行 200 册。出版后几个月内就销

---

① 关于约瑟夫·阿尔伯斯本人及其作品,参见罗布·罗伊·凯利(Rob Roy Kelly):《耶鲁大学早期的平面设计》("The Early Years of Graphic Design at Yale University"),《设计》(*Design Issues*),第 17 卷,2001 年第 3 期,页 3 - 14;另参见欧文·桑德勒(Irving Sandler):《1950—1970 年的耶鲁大学艺术学院:20 位杰出校友的集体回忆》("The School of Art at Yale, 1950 - 1970: The Collective Reminiscences of Twenty Distinguished Alumni"),《艺术研究》(*Art Journal*),第 42 卷,1982 年第 1 期,页 14 - 21。

售一空，尽管读者需求很大，但由于印刷成本过高，无法再次重印精装版。这本书的出版耗时 8 年，成书重达 22 磅，面世后立刻被誉为经典作品。时至今日，只要该书出现在古董市场，都会被标上五位数的销售价格，这也证明这本书具有重要价值，但这并没有引得世界各地媒体争相在头版报道。

另一方面，1965 年 10 月 11 日周一，《纽约时报》用通栏大标题报道耶鲁大学出版社的出版物，当天还有很多其他令人振奋的消息。出版委员会的一次午餐会议记录记述了科尔"刚刚向挪威国王赠送了《文兰地图与鞑靼关系》一书，讲述了其为该书前往挪威和英国所历经的各种幸运与不幸。午餐会上出版委员会还收到来自伦敦和奥斯陆的电报，电报上说，这部作品被电视、广播、报纸等媒体广泛报道"。在当天稍晚举办的晚宴和招待会上，科尔进一步表示"要在这个国家发行这部大学出版社多年来出版的、最令人兴奋、可能也是最重要的作品"。下午 3 点半，出版理事会在当时位于约克街 149 号的耶鲁大学出版社总部的乔治·帕姆利·戴纪念厅召开会议。科尔省去繁文缛节后，直奔会议主题：他宣布正计划在英国和挪威两国同时出版《文兰地图与鞑靼关系》一书。他充满热情地说道："这两个国家以及美国的书评人、记者、学者都被告知了这一消息，这一消息显然已引起轰动。"他热情洋溢，再次以第三人称称呼自己："人们关注文兰地图和档案文献的故事，所有这些关注是否会增加该书的发行量，这仍然有待观察。但是当科尔先生在讲话时，有人递给他一条信息，要求他在会议结束后致电每月一书俱乐部。"下午 5 点，理事会结束，"让理事会成员更衣着晚礼服赴晚宴，晚宴由耶鲁大学出版社和耶鲁大学图书馆联合举办，以庆祝《文兰地图与鞑靼关系》的成功组稿和出版"。每月一书俱乐部数周后宣布将《文兰地图与鞑靼关系》选为针对其会员的"推荐赠书"(dividend selection)①。这是每月一书俱乐部第四次选中耶鲁大学出版社的图书。第一次赠送的是"第一版对开本莎士比亚集"(First Folio of Shakespeare)的复制本(facsimile),第二次是耶鲁莎士比亚系列,第三次是《长夜漫漫路迢迢》。

11 月 9 日的出版委员会会议气氛仍旧非常热切,不过科尔提及了一些不和谐的小插曲,他漫不经心地提到:《文兰地图与鞑靼关系》成功发行的氛围"被耶鲁某些学者的抱怨所破坏,学者们认为图书馆馆长应该事先告知他们正在进行的地图研究工作,甚至应该征求他们的意见,其中一些人还抱怨没有被邀请参加那天的招待会。科尔先生对任何此类疏忽表达了歉意。除了意大利裔美国人团体对该书出版的时间表示谴责之外,这本书在其他方面都取得了惊人的成功"。另据报道,兰德·麦克纳利公司(Rand McNally Company)已获准销售"适合装裱"的单独售卖的地图,商品上附有"主要供机构使用"的说明。在 12 月10 日的会议上,科尔汇报说:这本书的"惊人成功大大增加了出版社秋季的收入","该书发行伊始就出人意料地受到欢迎,尽管其后很长一段时间无货可供",但销量仍达到了 8000 册。每月一书俱乐部和历史图书俱乐部(History Book Club)另外售出2.5 万册。一个月后,科尔表示:"尽管意大利人还在批评指责,但这本书还在为我们创收。耶鲁大学图书馆也获得了额外的收益,截至 12 月底,其所得版税累计已达 1.2 万美元。"

然而学术界的反应不尽如人意,一些地方的批评声音越来越大,开始造成严重影响。1966 年,在史密森学会(Smithsonian Institution)召集的一次会议上,有人对文兰地图的真实性表示怀疑,耶鲁大学为此委托了一个独立实验室对地图进行验证。新的 X 射线检测发现了一种结晶状的二氧化钛,就是所谓的锐钛矿(anatase)。这种矿物质在自然界极少见,直到 1920 年才

---

① 推荐赠书指会员购买一定量书籍后可免费获得的赠品。——译者注

作为一种白色颜料被投入商业化生产。基于此发现,斯特林纪念图书馆的负责人才于 1974 年 1 月宣布:"著名的文兰地图可能是伪造的。"①

与此同时,耶鲁大学出版社只好让《文兰地图与鞑靼关系》绝版。然而,20 年后一系列的独立实验和研究得出的结论是该地图可能是真实的。有两名科学家争辩说,锐钛矿可能早已被用于中世纪制造的一种墨水中。这促成了该书在 1995 年的再版,新版增加了有关这些争论的最新报告,其中包括劳伦斯·维滕(Laurence Witten)撰写的关于最初如何获得该文献的说明。二战之前谁最先拥有这份文献的问题一直悬而未决,该文对这一问题进行了有趣的说明。书中还加入了切斯特·科尔,以出版社名誉社长的身份,和其继任者约翰·雷登社长联合撰写的《出版说明》,该说明简要解释了这部作品引发的纷争。在这篇两页的概述中,保罗·梅隆被认定为地图的捐赠者,文章还补充了有关的细节:这位耶鲁历史上最伟大的捐赠者做出捐赠的条件是先由值得信赖的学者鉴定地图的真伪。文章还披露,梅隆以及亚历山大·O. 维特的遗孀提供了该书第二版的出版费用。值得注意的是,科尔和雷登不再轻易提出大胆主张,他们在《出版说明》的结语中写得很清楚:"这是历史上最重要的制图发现之一,长期以来它一直被阴云所笼罩,我们只能希望这个新版本能让人们重新认识其价值。"

雷登接受《耶鲁校友杂志》詹妮弗·凯琳(Jennifer Kaylin)的采访时说得更有明确。"很大程度上,所有涉及此事的人都被证明是正确的,"②他告诉凯莉,"所有反对证据都被推翻了,因

---

① 《纽约时报》,1974 年 1 月 26 日。
② 詹妮弗·凯琳的《并非虚假的故事》("Tales of the 'Un-Fake'"),《耶鲁校友杂志》,1996 年 5 月。关于文兰地图的争议,详见克里斯滕·A. 西弗(Kirsten A. Seaver):《地图、神话和人:文兰地图的故事》(*Maps*, *Myths*, *and Men*: *The Story of the Vinland Map*),斯坦福:斯坦福大学出版社,2004 年。

此我们得出了这份地图文献遭到了有失公允的批评的结论。"雷登有自己审慎的想法,他补充道,学者和科学家永远无法完全有把握地说一幅地图是真的:"你永远无法证明它是真的,你只能证明它是假的。我私下觉得留下一点神秘感或许是一件好事。"

事后看来,最初出版该地图遵循的是这样一种逻辑:这一出版项目涉及对一份耶鲁大学收藏的珍贵手稿的研究和诠释,这完全符合一家大学出版社的使命。无须过度在意两年后另一批专家宣称这份地图是一个狡猾的骗局,因为事先进行了严谨的核实,该项目也得到了权威专家的支持。1995 年,是否有必要出版该书第二版还值得商榷,但地图本身依旧在持续引发争论,例如,伦敦皇家制图学会会员克里斯滕·A. 西弗在 2004 年出版的《地图、神话和人:文兰地图的故事》一书中提出因熟悉北欧地理和历史而知名的德国耶稣会士学者约瑟夫·菲舍尔神父(Father Josef Fischer,1858—1944)可能是这份地图的伪造者。1974 年,耶鲁大学的罗伯特·S. 洛佩兹(Robert S. Lopez)和康斯坦丁·雷哈特(Konstantin Reichardt)两位教授提出伪造者可能是南斯拉夫扎达尔神学院的达尔马提亚方济会修士卢卡·杰利(Luka Jelic,1863—1922)。就像涉及这份文献的其他所有假设一样,一切都是不确定的,建议那些想了解更多细节的读者去查阅近年来就此问题所出版的各类文章与著作,并自行做出判断。至少从出版的视角来看,文兰地图的传奇故事在一家美国大学出版社的历史上是一件颇具启发意义的大事件。

另一次让科尔登上头条新闻的事件发生在 1971 年,这次是因为出版了英国情报工作的成功案例的内幕。二战结束以后,相关活动在英国一直被保密,但在其他地区却可以讨论。该书全名为《1935—1945 年战争中的双十字系统》(*The Double-Cross System in the War of 1939 to 1945*),由牛津历史学者约翰·塞西尔·马斯特曼爵士(Sir John Cecil Masterman)撰写。战争期间,马斯特曼爵士曾服务于英国军事情报机构,担任所谓的"二十人委员会"(Twenty Committee)主席。这个精英团队吸收了学术界的一些重要人物,并制定了一项绝妙的反间谍行动计划,即把德国间谍网转变为双重间谍网。这项计划被称为"双十字系统"(Double Cross System)①,这一名称来自罗马数字"XX"(双十),它也代表"二十人委员会"的成员人数,还是一个视觉双关语,暗示了该组织的存在是建立在叛变是一场公平的游戏的原则的基础上的。作为该行动的官方历史学者,马斯特曼爵士渴望发表自己撰写的有关这一机构活动的回忆文章,特别是 1960 年代后期以来,有关这次成功行动的零散信息已被陆续公开发表。马斯特曼多次尝试解密自己的回忆录,但英国政府援引《政府保密法》的规定多次拒绝解密相关信息。此后,马斯特曼经由其战争期间的同事、时任耶鲁大学英语和美国研究教授的诺曼·福尔摩斯·皮尔森(Norman Holmes Pearson)的介绍,结识了切斯特·科尔。

此时,马斯特曼是牛津大学伍斯特学院教务长兼牛津大学副校长。他非常高兴与一家知名的大学出版社签署出版合同,尤其是在伦敦设有活跃的分公司,可以在欧洲发行图书的出版社。根据罗宾·W. 温克斯(Robin W. Winks)所著的《斗篷与长袍:秘密战中的学者,1939—1961)》(*Cloak and Gown: Scholars in the Secret War, 1939-1961*)一书的记述,促成马斯特曼决定与耶鲁大学出版社合作的另一个原因是科尔的声誉:"他对英国怀有浓厚的兴趣,具有精明的商业判断力,不惧怕斗争,富有创意。"②作为回应,科尔向马斯特曼预付了 5000 美元版税,对一家学术出版社来说,这是一笔"史无前例"的高额版税。温克斯写道,该书"很快成为一本经典的谍报类图书",精装本售出 4.5 万册,平装本售出 20 万册,德语、意大利语、葡萄牙

① double cross 有"叛变"的意思。——译者注
② 参见罗宾·W. 温克斯:《斗篷与长袍:秘密战中的学者,1939—1961》,纽黑文和伦敦:耶鲁大学出版社,1996 年,页 292。

语和瑞典语等译文版本也售出成千上万册。[①] 马斯特曼在该书序言中写道:1945 年撰写报告时,他从未有过任何出版的念头,但现在情况发生了变化。"随着战时的秘密被披露,反对公开出版这些秘密的声音也在逐步减少,因为现在可以说,书中披露的任何对潜在敌人有价值的东西其实早就已经被公开了。"[②]

尽管科尔对《文兰地图与鞑靼关系》和《1935—1945 年战争中的双十字系统》等重点图书充满激情,但他依旧坚定地致力于学术著作的出版。这是玛丽安·尼尔·阿什的说法。"1959年,我到耶鲁大学出版社工作时,我们从不考虑成本和潜在市场或我们能从一书本中赚到多少钱。"2005 年的一个上午,玛丽安·阿什在位于圣殿街 302 号二楼的她以前的办公室对我说,这是她退休 17 年来第一次回到这间办公室。"我记得切斯特站在我的办公室,就在那边。他说:'只要我是出版社社长,在接受一部书稿前,我们将不会考虑这本书的潜在销量。'"她随即坦承,"那是过去美好的时光",随着时间的推移,收支平衡的要求愈发迫切,科尔也"改变了"。"在出版社的会议上,我和另一位编辑曾提到,普林斯顿大学出版社尤其擅长预估即将上市图书的销量和印数。因此,我们自己做了一些表格,并把这些预估都考虑了进去。当我把这个表展示给切斯特时,他说:'我们不会这么……'他没有说'粗鲁',但差不多就是这个意思。"阿什表示,科尔并不难相处,"但是他喜欢按自己的方式来做事。而且我要说,他非常尊重编辑。实际上,他几乎从未看过我们的稿件。也许偶尔会看一本艺术书,但我不记得他读过原稿。事实上,我情愿有一位不看原稿的社长。他给了我们很多自由,而且很多时候如果我们与其他部门意见不一,他总会支持编辑。我

---

① 参见罗宾·W. 温克斯:《斗篷与长袍:秘密战中的学者,1939—1961》,纽黑文和伦敦:耶鲁大学出版社,1996 年,页 296。

② 参见约翰·塞西尔·马斯特曼爵士:《1935—1945 年战争中的双十字系统》,纽黑文和伦敦:耶鲁大学出版社,1972 年,页 xvi。

们有权审批一本书的设计方案，如果其中有我们不满意的地方，我们的意见份量很重。如果编辑和装帧设计师的意见相左，他通常会认为编辑是对的"。

科尔堪称一个全面的出版人，备受出版界的尊重。他之所以授权其他人审稿，就如阿什所说的那样，多半是因为他十分信任员工的判断能力。1979 年从耶鲁大学出版社退休后，科尔接手了霍顿·米夫林出版公司（Houghton Mifflin）旗下的蒂克纳和弗尔兹（Ticknor and Fields）出版公司。他告诉《纽约时报》的记者，他最大的乐趣就是有机会沉浸于书稿之中。"在耶鲁大学出版社期间，我从不涉足编辑工作，"①他说道，"当时我们有 60 位员工，其中有 6 人是编辑。我们一年出版近 90 种图书。现在我们只有 11 位员工，我又开始审稿，还要对稿件做出初步的评价，我们的效率也很高。在大学出版社，图书的出版会因为审稿人众多或需要出版委员会开会决策而被拖延。"

科尔分享了自己多年来执掌一家学术出版社积累的经验，并将其应用到商业出版中，其实他就是从商业出版社开始其职业生涯的。②"许多出版人在商业出版领域畏手畏脚"，他所指的是预计销量适中、现在会被称为"中等（mid-list）图书"的作品，"他们就盯着那些畅销书，所有人都想得到那些可以出售平装书版权或者可以改编成电影的图书，以赚取数十万美元的利润。但这既限制了作者的写作，也剥夺了读者的阅读机会。当霍顿·米夫林出版公司决定拓展其商业图书出版业务时，面前有两个选择：一是增加更多的编辑人员来扩大现有的业务，二是设立新的子公司，以此带来新鲜的血液和新颖的观念"。所谓

---

① 参见玛丽莲·弗兰克尔（Marilyn Frankel）：《古老的波士顿图书出版社在纽黑文重现生机》（"Venerable Boston Book Publisher Reborn in New Haven"），《纽约时报》，1980 年 10 月 12 日。

② 1965—1967 年，切斯特·科尔担任美国大学出版协会主席。1975—1978 年，他还曾担任福特基金会（Ford Foundation）出版项目顾问。

"新鲜血液和新颖观念"自然是切斯特·科尔带来的。他明确表明了自己的意图，即要开阔思路，超越"单一的文学出版品牌"。他一再强调，出版社的目标是"出版那些富有生命力的长销图书，而不仅仅是轰动一时的图书。我认为我们依旧可以出版那些有着市场前景的高品质图书，同时灵活地转让图书的附属权利，使我们不至于破产。最令人高兴的是，此时此刻，我们出版社正在得到越来越多人的认可，代理和作者们正在向我们提供高品质的图书。但是你不能坐等书稿上门。我们已经开始主动寻找那些能为我们撰写我们认为有出版价值的书稿的作者"。

据玛丽安·阿什回忆，1960 年代中期，耶鲁大学出版社的观念一度有所改变。"那时我们搬到了约克街的高级区域，那里的办公室非常现代化，也非常漂亮。编辑人员有一处独立的办公区，办公室有玻璃隔断，还摆放着漂亮的新家具。显然，耶鲁大学出版社发生了变化，切斯特对我们的各项工作都很感兴趣。虽然从来没有那种让你彻夜难眠、绞尽脑汁地想着'我怎么才能完成这么多任务？'的压力，但是我们每个人都非常努力，我想我们所有人都知道，切斯特很想把耶鲁大学出版社打造成为一家更有声望的出版机构。他积极参加美国大学出版协会的活动，实际上他还曾担任过协会主席。我认为我们都有一种要比以前做得更好、更强的精神。我想原因之一是突然间我们有了更多的资金可以出版更多的书。"

玛丽安·阿什说，所有这些资金都来自一个当时被称为"新数学计划"（New Math）的项目。"新数学"这个热门名词指的是一项雄心勃勃的教学计划，该计划由一个名为"学校数学教育研究小组"（SMSG）的组织在 1960 年代发起，并获得美国国家科学基金会的资助。该计划 1958 年被提出，以应对苏联在早期太空竞赛中的胜利——尤其是一年前苏联发射了世界上第一颗人造卫星——为目的。当时美国近乎疯狂地渴望培养新一代的科学家和工程师，让美国重新赢得技术优势，学校数学教育研究小组受命为中小学教育开发新的数学课程,这项工作一直持续到 1977 年。该项目最终推出了一系列图书,这些图书全部由项目工作人员编写,最初由耶鲁大学出版社出版发行,后来改由兰登书屋出版,发行至全国各地的学校,所有费用均由联邦政府承担。"我们当时正在出版新数学计划系列图书,这个项目得到了各种资助资金,几乎没有任何成本,"玛丽安·阿什说,"那是一个独立运作的项目,我从来没有参与过。但是我们都知道,它是一个表现相当强劲的小产业,就像我说的那样,众所周知,是这个项目为耶鲁大学出版社的发展提供了大量资金。就是这么一回事,比如说我一个季度有三本书要出版,下一个季度有五本。没有人会说:'不,我们负担不起这些费用。'我认为切斯设定了一个数字,在某种程度上,他想一年出版 50 种图书,因此我们在尽力实现这个目标。"

那一时期耶鲁大学出版社的各种会议记录也在一定程度上具体印证了玛丽安·阿什的回忆。在 1964 年 5 月 22 日的理事会会议上,科尔称:"截至 3 月 21 日,9 个月的财务报告数据表明,耶鲁大学出版社这一年的销售额将创下纪录。SMSG 带来的收入让其能够承受销售额的增长带来的运营成本和库存投资的上升。"科尔进一步指出:"SMSG 套书",大家都这么叫这套教材,"确实在持续热销,在本财年预计可售出 90 万套",而上一年度销售了 73 万套。正如玛丽安·阿什回忆的那样,每个季度出版的新书数量因此持续增长。1958—1959 年,耶鲁大学出版社出版 45 种精装图书;1963—1964 年,意外受惠于"新数学计划"期间,新书种类上升至 58 种;下一年继续增长,达到 75 种。

为期 6 年的合作刚刚结束,在 1968 年 5 月 17 日的理事会会议上,科尔汇报了合作期间的简要数据:销售总额约为 700 万美元,其中 200 万美元"作为纯利润返还美国国家科学基金会",还有 66.6 万美元"作为服务费被分配给耶鲁大学出版社"。理事会成员亚瑟·罗森塔尔(Arthur Rosenthal)"问未来是否还

　　　　　　　　　　文字的世界:耶鲁出版史

会有类似'新数学计划'的合作项目。科尔先生答道,很不幸,没有这样的机会了,因为商业出版社正在从事这种五年前他们曾回避的实验性出版项目"。五个月后,出版社最终的财务报告详细呈现了准确的数据。数据显示,耶鲁大学出版社销售收入总额为 720 万美元,生产成本总计 360 万美元,此外还有 80.8 万美元的仓储和运输费用。另外一笔数额为 66.5463 万美元的管理费用也算了进去。科尔在记录中写道,理事会全体成员"均认可新数学计划项目带来了喜人贡献,相关方面都从中受益:出版了一批好书;美国国家科学基金会获得了可观的销售收入,可投入更多的项目;出版社也可以充分利用从该项目所获得的收益"。

耶鲁大学的另一位知名教育家、作者史景迁十分平静地回忆起他与科尔一起工作的经历。"1959 年我来到耶鲁大学求学,1965 年留在耶鲁任教,切斯特邀请我加入出版委员会。那是一个非常棒的委员会,成为其中一员令我倍感兴奋。我们审阅了很多书稿,并就此展开过激烈的争论。令人脑力激荡。"1993 年,史景迁被提名为耶鲁大学历史斯特林讲席教授。1966年,他在耶鲁大学出版社出版了自己的第一本著作《曹寅与康熙:一个皇室宠臣的生涯揭秘》(*Ts'ao Yin and the K'ang-his Emperor: Bondservant and Master*)。此后,他主要为利特尔·布朗(Little, Brown)、克诺夫(Alfred A. Knopf)和维京出版社(Viking)等商业出版社写作。在商业出版和学术出版领域都有着丰富的经验的史景迁称赞科尔是"一个有远见卓识的出版人,也是一个完美主义者,对如何把耶鲁大学出版社打造成世界一流的大学出版社,他有着非常独到的见解。他拥有丰富的出版经验,并且与耶鲁大学一直保持着密切的联系。我对切斯特的印象很大程度上来自他对图书品质孜孜不倦的追求,他的愿望是一方面不让不合格的图书进入出版程序,另一方面保证进入出版程序的书稿得到编辑的仔细审读。尽管他知道出版社保证出版耶鲁大学教师的著作非常重要,但他们也在尝试在决定是否出版某部书稿时不仅仅以投稿人是不是耶鲁大学的在职高级教师为唯一标准。我的看法是,既要尽力促成本校教师著作的出版,也要密切关注整个学术界最新和最重要的研究成果。我认为切斯特知道哪里有巨大的潜力。我认为历史是其中之一,英语文学也是,有很好的系列。同时,他也给予青年诗人图书系列极大的支持。切斯特非常活跃。但是,他也得罪了许多人。他把自己视为优秀出版人的传承者。我认为他想让耶鲁出版社成为全美最好的出版社。我不认为他是一个谦虚的人。英国艺术中心建立后,他便看到了要与之确立某种联系的机遇。但这并非必然。它需要一个人做出决定,并真正去考虑我们如何出版那些具有极高学术价值的重要艺术图书"。

科尔最为广受称赞的决策是他决定成立耶鲁大学出版社伦敦分公司,该分公司远远超越了不参与图书组稿、编辑和生产的海外办事处。美国的许多学术出版社通常会在其扉页印上一行文字,以示该社图书在两个城市联合发行,第一个城市通常是大学出版社的所在地,第二个城市几乎毫无例外都是伦敦。虽然这明显体现了出版社的国际化特征,但其实际含义则是出版社在英国拥有一个销售办事处,可在那里谈判转让各种图书的外国版权。尽管这么说不完全准确,但这种做法有点像美化个人简历,不过这么做并没有过分的欺骗性或不规范之处。不管在某些人看来这有多么虚伪,它其实就是那么一回事。

耶鲁大学出版社在伦敦不仅有一个办事处,还有一个非常成熟的编辑部门,耶鲁出版社 40％的图书是由伦敦分公司出版的。2006 年 3 月的一个上午,伦敦分公司负责人罗伯特·巴尔多克(Robert Baldock)这样告诉我。耶鲁大学出版社伦敦分公司位于伦敦布卢姆斯伯里街区贝德福德广场 47 号一栋 18 世纪乔治王朝时期的建筑物中,其周边都是文学区,对一家知名的美国出版社来说,是一个理想的选择。我在其中一间雅致的办公室与巴尔多克会面。三年前,巴尔多克接替了约翰·尼科尔

(John Nicoll)担任伦敦分公司的负责人,后者被普遍认为是伦敦分公司今日所取得的骄人成就背后的功臣。某种程度上,设立伦敦分公司是又一次抓住机遇的表现。正如在接受我采访时史景迁所说:"这并非必然。"

每一所大学出版社都有说明其为何而存在的使命宣言,尽管各个出版社对自己的描述及对目标的阐述在很多方面都很相似——常见的包括拥有崇高的目的、为积累知识做贡献,推进学术研究等——但在细微之处,还是有所不同的。不难想象,基于一种公共责任,许多学术出版社都专注于所在地区的历史、艺术、环境、经济和文化,出版那些有价值的图书——否则这些书可能永远无法面世——并履行其对所在地区的承诺。甚至耶鲁大学出版社也会偶尔关注其所在的地区,其中最典型的事例或许是1961年耶鲁大学出版社出版的《谁统治:一个美国城市的民主和权力》(Who Governs?),该书由耶鲁大学著名的政治学者罗伯特·达尔(Robert Dahl)撰写,对(耶鲁大学所在的)纽黑文市的各种权力结构——正式的、非正式的、公开的、秘密的——做了透彻的评估,是一个多元主义理论(pluralism)的个案研究。但是这类专著只是个例外,聚焦区域的图书绝非惯例,因为耶鲁大学出版社公开表示自己是一家不受限于地理区域的大学出版社,其在21世纪的"愿景宣言"中明确地指出了这一点,即借助"伦敦的国际办事处",以"真正的全球化方式"来开展工作。耶鲁大学出版社有限公司(Yale University Press, Limited)——1984年更名为耶鲁大学出版社伦敦分公司(Yale University Press,London)1961年7月成立,最初的职能仅仅是通过由几家美国大学出版社组成的一个经济联合体向海外销售耶鲁大学纽黑文总部出版的图书。在之后的9年里,这种模式顺利地延续了下来。如果不是大学方面出现了不容忽视的变化,今天可能依然不会改变。1970年,保罗·梅隆英国艺术研究中心(Paul Mellon Centre of Studies in British Art)在伦敦成立,这是已故的保罗·梅隆资助的一项非凡的事业。① 组织并出版有关英国艺术的严肃学术著作是该中心的职能之一,但据说这一任务从一开始就没有很好地落实。

对此,约翰·雷登对我坦诚说道:"关键是在金钱的大量流失。"约翰·尼科尔和我在伦敦共进午餐时——我们的会面持续了两个小时——则用了一种不同的比喻来描述这一困境,但他表达的情绪是类似的。"他们花钱如流水,我其实可以列举一些数字。他们在 1971 年就曾出版过一套有关威廉·霍加斯(William Hogarth)的大部头图书,2 卷本,印了 3000 册,花了 7 万英镑,相当于现在的 100 万英镑,也许还要更多。② 发生这种事几乎不敢想象,但它确实发生了。这套书采用浇注铅版工艺制版,全部在荷兰印制。确实印制精美,但花了很多钱。保罗·梅隆的律师告诉他们要控制开支,他们的做法是把部分资金转而投入到梅隆在纽黑文正在建设的博物馆工程中,而耶鲁大学接管了梅隆中心的运营。"

在同意这样做的同时,耶鲁大学承担了履行梅隆艺术中心已做出的出版承诺的责任,即出版更多艺术图书。"耶鲁大学把这项任务交给了耶鲁大学出版社,而出版社善良地表示:'好的,我们会出版这些书。'"尼科尔继续说道,"切斯特当时没有意识到,这些书会让纽黑文的员工不得不和一些野心勃勃、固执己见、难以相处的英国人打交道。因此,耶鲁大学出版社纽黑文总

---

① 2007 年,为纪念保罗·梅隆诞辰百年以及一个先后在纽黑文耶鲁英国艺术中心(Yale Center for British Art)和伦敦皇家美术研究院(Royal Academy of Arts)展出的展览,耶鲁大学出版社出版了《保罗·梅隆的遗产:对英国艺术的热爱》(Paul Mellon's Legacy: A Passion for British Art),该书收入 370 幅彩色图片及约翰·贝基特(John Baskett)、朱尔斯·大卫·普鲁恩(Jules David Prown)、杜坎·罗宾逊(Ducan Robinson)、布莱恩·艾伦(Brian Allen)、威廉·里斯(William Reese)等人的专题论文。

② 耶鲁大学出版社为保罗·梅隆英国艺术中心出版的关于威廉·霍加斯的图书是罗纳德·保尔森(Ronald Paulson):《霍加斯的生活、艺术和时代》(Hogarth: His Life, Art, and Times),2 卷本,纽黑文和伦敦:耶鲁大学出版社,1971 年。

文字的世界:耶鲁出版史

部最先出版的两三种图书在经济效益、出版效率方面都不比之前基金会出版的图书成功多少。切斯特随即准确判断，若要解决这一问题，唯有在英国出版这些图书。经过一番摸索，切斯特最终雇用了我，我怀疑是要解决他在纽黑文因这一敏感事件遇到的政治问题。他担心梅隆的律师过于焦虑——有必要做些什么安抚他们——所以科尔在1973年雇用我专门负责出版这些图书。"

那时，尼科尔在牛津大学出版社旗下的克拉伦登出版社（Clarendon Press）工作，正好有调整工作的想法。他说："1960年代的牛津大学出版社完全处于一片混乱之中，它像牛津大学的学院那样，完全为了董事们的利益而运作，而切斯特知道我对这一切都感到失望。因此，我准备离开。但他面试我只是为了这三四本他们承诺出版的艺术图书。我说：'几本有关英国艺术的书无法构成一份像样的书单。'所以我又问他：'除此之外，我还能出版其他图书吗？'然后他说：'可以，你可以出版任何适合大学出版社的图书。'我在牛津大学出版社一直编辑艺术史图书，还有一些文学类图书。但实际上，科尔给了我出版任何学术图书的自由，只要我能够给出合理的出版理由。直到那时，耶鲁大学出版社伦敦办事处的主要职责还是在欧洲销售纽黑文总部出版的图书。而且，耶鲁大学出版社一直有很多与英国相关的优秀图书——耶鲁一直怀有一种强烈的英国情结，所以我有很大的自由度去做自己想做的事。这比我想象的要幸运得多。"尼科尔告诉我，多年来，他听到过"关于科尔的所有故事"。他对科尔的许多同事，特别是那些每天和科尔同处一栋楼、在他眼皮底下工作的同事抱有一定程度的同情。"当纽黑文总部的女员工生育时，科尔就会说：'她们认为自己创造了母亲这一身份。'其实，他的行为令人震惊。但说实话，我还是非常喜欢他。是的，他的举止可能很糟糕，如果他想的话，还会表现得非常自私、不讲情面。但是，我很幸运，没有和他交恶。"

得到科尔支持，能够自己出版中意的图书后，尼科尔凭借一系列构思巧妙、制作精美的图书脱颖而出，这些图书涵盖美术史、艺术史、建筑史以及社会史等各个方面，逐步发展并形成特色，结出硕果，在科尔时代结束之后继续保持耶鲁大学出版社的特色和优势。尼科尔不仅直接参与图书的组稿和编辑，而且还监督图书印制的每个环节，在全球范围内选择符合其严格的印制标准的印刷厂家。约翰·雷登在其1979—2002年担任耶鲁大学出版社社长期间与伦敦办事处密切合作，取得了丰硕的成果。根据雷登所述，这些图书之所以如此成功，秘诀在于尼科尔坚持出版精品图书的策略。雷登说："他非常精明、智慧，实干能力很强。如果要谈及过去三十多年耶鲁大学出版社的故事，就不能不说到伦敦分公司。这非常重要，而且在很长一段时间里，伦敦分公司一直都是出版社的摇钱树。伦敦分公司主要通过艺术图书出版项目源源不断地向纽黑文总部输送利润，这笔钱使我们得以重新投资并发展壮大。其中约翰·尼科尔的贡献居多，他是位伟大的出版人。任何一所美国的大学出版社都没有这样的海外分公司。事实上，耶鲁大学出版社拥有这样一个本身就是优秀出版机构的强大分公司——可以说整个出版业界都这么认为——是一项非凡的成就。时至今日，纽黑文总部的艺术图书依旧遵循尼科尔的出版模式。"

当我谈及约翰·雷登把伦敦分公司称为"摇钱树"时，尼科尔由衷地感到好笑。当然，倒不是因为他不同意这个说法，而是没想到纽黑文总部的人会如此坦率、公开地承认这一事实。尼科尔说："虽说他们现在这么说，但在当时他们不会承认这个事实。我知道事实如此，但其他人不这么想。纽黑文的人不会承认这一事实，因为他们不会这么想，也没有人在公开场合这么说过。从来没有。他们现在这么说，我觉得很好笑。显然，这是事实。但不过分强调这一点的做法适合约翰·雷登，某种程度上也适合他之前的切斯特，坦率地说，同样适合我。你并不希望外界对有些事情太过关注,伦敦分公司输送的现金让美国的总部有偿付能力的事实没有必要大肆宣传。这种做法适合我是因为我并不关心纽黑文总部正在发生的事。我只是不想让他们干扰我在伦敦做的事情。"鉴于伦敦离纽黑文市有数千英里之远,尼科尔说,他从不觉得有必要开发一个可以支持耶鲁大学课程的图书系列,他也不认为这是他的职责。他说:"在我看来,这都是以学术界和感兴趣的读者为对象的,相当严肃的出版工作。"

　至于他到底怀有什么"抱负",尼科尔答道:我只有一个抱负,"无论过去还是现在,我最大的愿望是尽己所能出版更多优秀图书。有一个美国人说过,我记不起他的名字了,大学出版社的使命和职责就是:在不破产的前提下,尽其所能出版更多优秀图书。我认为,这就是我们要努力做到的事情。为此,我们可以采取各种必要的措施"。[1] 尼科尔表示,他的成功很大程度上源于他倾注在这项事业中的"坚定的经营理念"。"我的父亲和已故的妻子都是商人,因此我认为大学出版社有一个根本的问题,我们可能不应该提这个问题,但它确实存在,就是图书交叉补贴。这类事情通常是以一种不经讨论、非常隐秘的方式——可能还是一种不适当的方式做成的。当然,我也不太确定还有什么选择,但如何选择做哪些书,不做哪些书一直十分模糊。"

尼科尔说过:这一遴选过程应有一个"更高的目标",但他也承认没有"合适的机制"可以做到这一点。"当你去参加编辑会议时,你会说这本书真的很好,但会亏损一万英镑。其他人便会告诉你:'我们不想亏损这一万英镑。'然后就会有人表达其他的观点。因此,遴选从来没有真正做到过诚实和透明,我也不确定

---

① "大学出版社的使命和职责就是:在不破产的前提下,尽其所能出版更多优秀图书。"这一著名的评论来自托马斯·詹姆斯·威尔逊(Thomas James Wilson),他曾于1946—1967年期间任哈佛大学出版社社长。该说法多次出现在《科尔报告》(页13)、《出版商周刊》(1963年4月22日)以及马克斯·豪尔(Max Hall)的《哈佛出版史》(*Harvard University Press: A History*,马萨诸塞州剑桥:哈佛大学出版社,1986年,页125)中。

是否有可能做到。但是我们很幸运。我们有梅隆系列图书,它们并未给耶鲁大学出版社带来真正的压力,而且,出人意料的是,在我们的努力下,其中的一些书取得了成功。然后,我对插图书出版产生了兴趣,我们抓住了这一领域的机遇。同时,我们稳定地出版有价值的、可以卖给业界的图书,这在大学出版社中也属于开创之举。我希望让伦敦分公司和那里的员工们意识到,这是他们的舞台,他们可以为此而感到自豪。"

尽管大学出版社全面出版大型艺术图书的设想并非源于耶鲁,但这一出版计划在尼科尔的领导下达到了一个全新的高度,这不仅因为耶鲁大学出版社出版的每部图书都非常精美,还因为他们的编辑内容一贯保持高水准。换句话说,没有人会把这些付出心血的成果称为"咖啡桌上的装饰书"——通常指有精美的图片,却缺乏犀利的评论或原创的学术内容的特大图书。进一步证明这一点的是,过去 20 年间耶鲁大学出版社与许多著名博物馆建立了密切的合作关系,出版和发行博物馆重要展览的目录,其中不少都是颇有份量的大型图书。目前,耶鲁大学出版社已经与大都会艺术博物馆(Metropolitan Museum of Art)、美国国家美术馆(National Gallery of Art)、芝加哥艺术学院(Art Institute of Chicago)和伦敦国家美术馆(National Gallery)等机构建立了合作关系。

尼科尔敏锐的眼光远远超出了插图类图书的出版,他最早成功出版的图书是 1977 年的詹姆斯·A. H. 默里(James A. H. Murray)传记《陷入文字的世界》(Caught in the Web of Words)。多年来默里一直是《牛津英语词典》的首席编辑和领路人,该传记由这位杰出的词典编纂家的孙女 K. M. 伊丽莎白·默里(K. M. Elisabeth Murray)撰写。随后获得成功的还有 1978 年出版的《英国乡村住宅生活:社会与建筑的历史》(Life in the English Country House: A Social and Architectural History),该书在国际上大获成功,作者、建筑史学家马克·吉罗德（Mark Girouard）为此赢得多个重要奖项。其中最重要的奖项有达夫·库珀纪念奖（Duff Cooper Memorial Prize）和史密斯父子文学奖（W. H. Smith & Son Literary Award），该书还同时登上了伦敦的《星期日泰晤士报》（*Sunday Times*）的畅销书排行榜。当时正值科尔在耶鲁大学出版社工作的最后一年，正如继任者约翰·雷登所描述的那样，吉罗德的成功是"切斯特的最后一次欢呼"。这一成功案例也彰显了尼科尔的专业素养。1971 年，尼科尔还是牛津大学出版社的编辑，他出版了吉罗德的一本早期著作——《维多利亚时代的乡间住宅》（*The Victorian Country House*）。尽管这是一本令人称赞的学术著作，但它并未实现其支持者所期待的商业上的成功。雷登说："这本书本应是本插图书，但它只有寥寥几幅彩图。约翰告诉我：他和马克都认为这么做不对，这本书可以做得更好，他们想再试一次。因此，约翰到耶鲁大学出版社工作后，他便想从牛津大学出版社拿回这本书的版权，插入更多精美图片，再次出版这本书。他们想把配图与文字完美整合起来，每一个版面的排版都要做到精确，排字也要随之调整。当时，马克受邀在国家美术馆斯莱德讲坛（Slade Lectures）举办讲座。他们因此而改变主意，准备出版这场讲座的演讲稿，这就是后来的《英国乡村住宅生活》一书。这本书获得了巨大的成功。在我来耶鲁大学出版社工作之前，就已经售出 6 万册；在我入职前一周，平装版权以 10 万英镑的价格被卖给了企鹅出版社。此后，约翰便开始打造优质的艺术图书。"

尼科尔表示，出于一些显而易见的原因，他在印制艺术图书时所采用的策略就是亲力亲为。他说："起初，也就是 1970 年代，我们在英国印刷图书，但这些印刷厂最后都破产了。然后我们在意大利印制图书，因此我也在米兰生活了很长时间，之后又去了布拉格、香港和新加坡，监督图书印制的每一个环节。"当被问及对每个细节都亲力亲为到底能有助于完成哪些工作时，他指出了一系列值得担忧的事项。尼科尔说："你能在最后一刻发现并改正那些差错，如印刷套准、着色以及其他各类差错。彩色印刷，甚至是当时的黑白印刷，只要在印厂，你都可以说：'不，我不喜欢那样。一定要印得更好。'另一双眼睛——读者的眼睛——会注意到问题。印刷机的操作工人只想着做出可以接受的产品，然后下班回家。可能还有连续跟踪的问题，或者从这幅图片到下幅图片的衔接问题。比如说，这幅图片上有个穿红裙的妇女，而它又是雪景。雪景沾上少许粉红色是很正常的，因为为了印出红色的裙子要用许多粉红墨水。因此，必须要有人做出妥协。我知道要保证一点不出错，唯一的办法就是守在印刷机旁，以确保印出理想的效果。必须有一个关心这件事的人去问：'为何这里不如那里好？'或者'这里可以印得更好吗？'然后他们会说：'是的，如果这么做，也许能做到。'马克·吉罗德的书相对简单。我监督了这本书的整个印制过程。随着我们的发展壮大，接手装帧设计和印制任务的同事也花了很多时间守在印刷厂。我想这种做法大概在 1990 年代中期才停止，因为那时印刷厂已经可以独立印出理想的效果。大多数时间都能做到。最初的时候，大多数时候他们都做不到。不过在 1975 年到 1990年期间，印制标准也发生了变化。"

回首过去 30 多年来从事学术出版的职业经历，尼科尔称，如何选择出版内容这一任务有其独特微妙之处。"在商业出版领域，你必须事先了解读者是否会对这本书感兴趣，如果他们感兴趣，那么这本书将会有市场。判断的标准是这本书是否有价值，一般是从普通读者的角度判断。'写得不错，好，该有的都有了，好，诙谐幽默，不错，时髦新潮，没问题，这本书可以出。'但是就学术图书而言，做出是否出版的决定更为困难。你要知道作者是否确实查阅了所有应看的档案，读过所有应读的文章，以及查阅了所有相关的文献。那是件相当棘手的事。就我的做法而言，过去我一直聘请一些顾问，他们会告诉我哪些是好书稿，我依靠他们的判断来决策。我认为我得到了好的建议。"

　　当然,获奖只是衡量图书出版成功与否的一个小标准,但这也体现了一本书在同类作品中的地位。国际大奖埃里克·米切尔艺术史奖(Eric Mitchell Prize for the History of Art)始于1976年,耶鲁大学无疑是该奖项的最大赢家,地位堪比在美国职业棒球大联盟比赛中常年荣获冠军的纽约洋基队。[①] 截至2004年,耶鲁大学出版社的图书共获得16项大奖,获奖图书所

---

① 关于耶鲁大学出版社荣获"埃里克·米切尔艺术史奖"的图书,根据该奖主办方伦敦的《伯林顿杂志》(*Burlington Magazine*)的资料,有科林·B. 贝利(Colin B. Bailey)的《爱国情趣:革命前巴黎现代艺术收藏》(*Patriotic Taste:Collecting Modern Art in Pre-Revolutionary Paris*,2002),大卫·安法姆(David Anfam)的《马克·罗斯科作品》(*Mark Rothko:The Works on Canvas*,1998),凯瑟琳·A. 福斯特(Kathleen A. Foster)的《重新发现托马斯·埃金斯》(*Thomas Eakins Rediscovered*,1998),大卫·宾德曼(David Bindman)和马尔科姆·贝克(Malcolm Baker)的《鲁比利亚克和十八世纪纪念碑:以雕塑为剧院》(*Roubiliac and the Eighteenth-Century Monument:Sculpture as Theatre*,1998)。大卫·兰道(David Landau)和彼得·帕夏尔(Peter Parshall)的《文艺复兴时期的版画:1470—1550年》(*The Renaissance Print:1470–1550*,1994),珍妮佛·蒙塔古(Jennifer Montagu)的《亚历山德罗·阿尔加迪》(*Alessandro Algardi*,1984),格雷厄姆·雷诺兹(Graham Reynolds)的《约翰·康斯特布尔的后期绘画作品》(*Later Paintings and Drawings of John Constable*,1984),迈克尔·巴克桑德尔(Michael Baxandall)的《德国文艺复兴时期的欧椴木雕刻家》(*The Limewood Sculptors of Renaissance Germany*,1980),马丁·布特林(Martin Butlin)和伊芙琳·乔尔(Evelyn Joll)的《J. M. W. 特纳的画作》(*The Paintings of J. M. W. Turner*,1977)。获表彰优秀"处女作"的米切尔奖的有安德鲁·巴特菲尔德(Andrew Butterfield)的《安德烈·韦罗基奥的雕塑》(*The Sculptures of Andrea del Verrocchio*,1997),帕特里夏·李·鲁宾(Patricia Lee Rubin)的《乔治·瓦萨里:艺术与历史》(*Giorgio Vasari:Art and History*,1995),大卫·富兰克林(David Franklin)的《罗索在意大利:罗索·菲奥伦蒂诺的意大利事业》(*Rosso in Italy:The Italian Career of Rosso Fiorentino*,1994),威廉·胡德(William Hood)的《安吉利科修士在圣马可》(*Fra Angelico at San Marco*,1993),克莱尔·罗伯逊(Clare Robertson)的《大红衣主教:艺术赞助人亚历山德罗·法尔内塞》(*Il Gran Cardinale:Alessandro Farnese,Patron of the Arts*,1992),彼得·加拉西(Peter Galassi)的《柯罗在意大利》(*Corot in Italy*,1992),塞西莉亚·鲍威尔(Cecilia Powell)的《特纳在南方:罗马,那不勒斯,佛罗伦萨》(*Turner in the South:Rome,Naples,Florence*,1987)和托马斯·E. 克罗(Thomas E. Crow)的《十八世纪巴黎的画家与公共生活》(*Painters and Public Life in Eighteenth-Century Paris*,1985)。

涉及的艺术家包括乔治·瓦萨里（Georgio Vasari）、托马斯·埃金斯（Thomas Eakins）、约翰·康斯特勃（John Constable）、马克·罗斯科和 J. M. W. 特纳，主题包括文艺复兴时期的版画和 18 世纪的雕塑。

1985 年前，尼科尔一直担任耶鲁大学出版社伦敦分公司的编辑，其后他被约翰·雷登任命为伦敦分公司总经理。他于 2003 年离开耶鲁大学出版社，担任其妻子弗朗西斯·林肯（Frances Lincoln）创立的一家商业出版社的总经理，他的妻子在 2001 年意外去世。此后，尼科尔继续出版插图书，以及一系列成功的儿童文学作品。他告诉我：“我在耶鲁度过了一段美妙的时光，我很享受那段时光。没有什么能比拥有这样一个富有、仁慈、善良而且离你很远的老板更好的了。”约翰·尼科尔之后，罗伯特·巴尔多克继任伦敦分公司总经理。巴尔多克 1985 年加入耶鲁大学出版社，担任策划编辑。从那时起，他就一直关注着伦敦分公司独特的运营模式。巴尔多克对我说：“这些年来，我们一直都能盈利，而耶鲁大学出版社纽黑文总部却不得不为了履行对耶鲁大学应尽的职责而做很多事情。纽黑文总部必须出版许多不赚钱的书，因此，他们实际上没有经营利润，而我们却在赚钱。我们没有任何捐赠，而纽黑文总部则有捐赠，每年都有一定量的现金资助，我们伦敦分公司没有这笔钱。所以，我们得像一家常规的商业公司一样运营。我们要支付薪水，还要确保不能亏损。一旦亏损，纽黑文总部的负责人可能就会说：‘既然如此，伦敦分公司有何用？’”截至 2004 年，伦敦分公司每年要为耶鲁大学出版社出版 100 种新书，其中 67％是分公司所擅长的艺术类图书，不过巴尔多克在 2004 年 4 月 24 日的出版委员会会议上表示希望“减少这种依赖”，争取“在美国市场上有更高的销售潜力的”新项目。

接受我的采访时，巴尔多克谈到了在他看来纽黑文总部和伦敦分公司之间的主要区别是什么。他说：“最大的区别是我们离耶鲁大学有 3500 英里之遥，因此我们可以不受束缚，自主出版，而纽黑文总部则在一定程度上需要满足耶鲁大学学者们的要求，它必须出版一定数量在现在这个时代没法盈利的学术著作、专业类图书，然而我们却不必受限于此，不过如果我们认为某本书非常重要，哪怕是非常专业的图书，我们也会出版。但总的来说，我们会选择更有市场的图书。"巴尔多克说，伦敦分公司的编辑们也会在他们关注的范围内寻找一些更具欧洲风格的图书，"或许这就是伦敦分公司和纽黑文总部在出版方面的主要区别。纽黑文总部出版的许多图书主要关注美国在世界上的经历，耶鲁大学出版社和其他美国出版社一样，在类似美国最高法院之类的主题上，出版过无数图书。但是我们没法在这里销售这类图书。现在是一个有趣的时间，因为'9·11'事件刚过去不久，美国人开始自我检讨，思考为什么人们都不喜欢美国人。所以纽黑文总部在出版与美国关心的问题相关的图书，但现在全球各地的读者正好不愿意购买此类书籍。我很难把这个事实告诉美国总部的同事。美国幅员辽阔，资源丰富，同时也是一个财力雄厚、举足轻重的国家，它可以做自己想做的事。就出版而言，美国出版了许多有关美国的图书。但是他们却因世界其他地区的人们不愿买这些图书而颇感惊讶。"

那么，伦敦分公司能为双方合作所做的，就是贡献自己的观点。巴尔多克强调道："我们不仅是耶鲁大学出版社纽黑文总部的海外前哨，还是一家拥有独立精神和思想，并且独立运营的出版社。我们就是耶鲁大学出版社的一员，我们非常重视这一点，这是我们存在的原因。但在作品的本质和特征上，我们出版的图书不同于纽黑文总部出版的图书，而如果将我们出版的图书列入耶鲁大学的出版总目录中，则又显得十分合拍。事实证明，切斯特设立伦敦分公司的举措十分英明，这让耶鲁大学出版社的声名远扬世界。没有什么能比得上拥有这样一家出版社了：它出版的图书，在英国的图书编辑看来，就是他们自己出版的图书。许多文学评论家将我们视为一家英国出版社。显然，我们是一家美国出版社的一部分，我们都是耶鲁大学出版社的员工，但他们把我们视为一家英国本土的小型出版社。在他们看来，我们和《格兰塔》杂志（*Granta*）[①]、费伯出版社或其他英国出版社没什么区别。"

为了说明这一点，巴尔多克拿起了一本迪尔梅德·麦卡洛克（Diarmaid MacCulloch）撰写的《托马斯·克兰默传》（*Thomas Cranmer：A Life*）："这本书1996年出版，广受好评，获奖无数，还颇有销量。这正是我们最擅长的书。我们尝试出版不太可能受市场欢迎的书，并让其有较好的市场表现，因为作品本身是好书。我认为这是我们一切工作的深层动因。"然后，巴尔多克又拿起旁边的另一本书《世界小史》（*A Little History of the World*），耶鲁大学出版社2005年翻译出版了该书的英文版，并很快售出十多万册。70年前，《世界小史》就曾以英语以外的18种语言在欧洲广泛出版。这一次，耶鲁大学出版社将这本看似为儿童写的书——2001年去世的德国艺术史学者恩斯特·H. 贡布里希（Ernst H. Gombrich）撰写了这本内容紧凑的著作，旨在向年轻人全面介绍西方文明——用新的语言介绍给新一代的读者。"这是一本非凡的书，它采用一种和蔼可亲的谈话风格，娓娓道来，毫不费力地解读了许多深奥的事情，如查理曼大帝的成就，中世纪欧洲的货币体系，以及启蒙思想。"爱德华·罗斯坦（Edward Rothstein）在《纽约时报》撰文这样评价该书。[②]

"我们知道贡布里希是《艺术的故事》（*The Story of Art*）一书的作者，也知道他是一位知名作者，"巴尔多克说，"作品的

[①] 1889年剑桥大学学生创办，以剑桥的格兰塔河（River Granta）命名，现为英国的一份知名文学季刊。——译者注

[②] 《并非儿童游戏的儿童历史》（"A History for Kids That Isn't Child's Play"），《纽约时报》，2005年10月3日。

主题很宏大，是世界小史，已经有两个成功要素了。他的文笔也十分优美。他还是一个仁慈、敏感的人。因此我们知道这本书将会有很好的市场表现，我们预计人们大概会说：'这本书真是妙趣横生，可爱极了！'"

在英国，伦敦分公司被归类为慈善机构，相当于美国的非营利实体，因此无须缴纳企业所得税。巴尔多克说："但是我们并不会赚很多钱，就算赚钱了，因为没有股东，我们还是会把利润重新投入到出版事业中。没有人等着从我们这里拿钱。如果有一年收益好，那么就可以给员工多发工资，可以向作者多支付预付金，也可以聘用一个你多年来一直都想聘请的平面设计师。利润不是我们的终极动力，驱动我们的动力是，我们要支付应有的费用，及时支付作者的版税和我们的账单，而不是在银行里拥有大笔存款。"

1979 年，在过完 65 岁生日 10 个月后，切斯特·科尔不再担任耶鲁大学出版社社长。之后，他出任提科诺·菲尔兹出版公司总经理，这是霍顿·米夫林（Houghton Mifflin）出版公司重建的一家子公司，曾经出版过纳撒尼尔·霍桑（Nathaniel Hawthorne）、亨利·沃兹沃思·朗费罗（Henry Wadsworth Longfellow）、拉尔夫·沃尔多·爱默生（Ralph Waldo Emerson）、哈丽雅特·比彻·斯托（Harriet Beecher Stowe）和马克·吐温（Mark Twain）等人的作品。科尔任职提科诺·菲尔兹公司总经理后，又把卡尔文·特林（Calvin Trillin）、约翰·莫蒂默（John Mortimer）、奥利·安·伯恩斯（Olive Ann Burns）还有他在耶鲁大学读书时的室友约翰·赫西（John Hersey）等作者纳入旗下。最终，切斯特·科尔于 1999 年去世。

半个世纪前发布的《科尔报告》提出的最具代表性的务实观点之一是：学术出版社若要生存下去，必须要采用商业出版社的一些市场营销和发行策略。1949 年，在一次与《出版商周刊》记者的访谈中，科尔支持出版"具有市场潜力的学术图书"的行为，并称这是要"把大学出版社置于回馈社会的主流群体之中。如果我们——在学术出版的范围内——能够为文化、政治和环境做出贡献，那么，我们就不应该袖手旁观"。①

---

① 霍南：《学术编辑切斯特·布鲁克斯·科尔去世，享年 86 岁》。

第三章　多元化发展时期

　　一家学术出版社与其所附属机构之间的关系并不同于大学其他部门与大学之间的关系。1908 年,乔治·帕姆利·戴代表母校耶鲁大学发起的出版倡议就是一个典型的个案。在创立之初的半个世纪——涵盖戴家族主事的整个时代——中,耶鲁大学出版社是一家非营利性的私营机构,虽然与大学行政部门有一定程度的合作关系,但仍然享有很大的独立性,即耶鲁大学出版社具有一定程度上的自主权,这有可能导致周期性的冲突。当出版社在 1961 年完全成为耶鲁大学的一个部门后,大学为其运营承担更多的责任,但考虑到出版企业的基本属性——毕竟它从事图书销售业务,人们总是希望出版社能以自己的方式发展。

　　一天上午,耶鲁大学出版社副社长兼首席财务官约翰·罗林斯(John Rollins)在其位于纽黑文圣殿街的办公室和我进行了一场内容广泛的谈话。他指出:"所有大学都希望各自旗下的大学出版社能够实现财务独立。"他也坦陈,学术出版社通常出版专业性很强的图书,因此,很少有学术出版社能够承担每年的支出。值得注意的是,在我们谈话发生的 2006 年夏季,耶鲁大学出版社报告称,刚刚结束的财政年度销售额达到 2600 万美元。而在 2007 年 6 月,这一数据高达 3070 万美元。[①] 这两年都是盈利丰厚。罗林斯说:"许多大学出版社都要求其所附属的大学提供运营补贴资金,这些出版社实际上也拿到了补贴,只有极少数的大学出版社独立自主地实现了收支平衡。"这一独到的评述正好回应了我提出的一个问题,即耶鲁大学出版社是如何长期实现不亏损的。事实证明,严格把控收支平衡的基准线是协调学术出版的一个部分,这一策略特别适合应对 21 世纪充满波澜的出版市场。

罗林斯说:"我们曾经拥有来自成千上万个图书馆的长期订单,现在没有了,这可能是我们必须应对的最大的变化。"耶鲁大学出版社副社长兼出版总监蒂娜·韦纳(Tina Weiner)能够提供有关这种令人不安的现象的一些细节:"当初我到耶鲁大学出版社时,图书馆馆配市场非常火爆,资金充裕。因为有长期订单,即使是那些学术性很强的图书也能保证最低的订数,这在今日看来是令人羡慕的。幸运的是,我们出版的图书在学术出版界一直享有一定的声望,因此,专业性极强的专著——现在我们出版的专著还是和当时一样非常专业——销售成绩也相对较好。但是随着图书馆经费的削减,长期订单的消失,再加上电子产品预算需求的增长,大多数图书的馆配市场被大幅压缩。结果导致学术图书的印数急剧下降,价格上涨。"她列举了其他几类市场的趋势:一是二手书市场,尤其是教材二手书市场扩大;二是大学生和学者们未经出版社的许可而私自影印部分图书内容的行为越来越普遍。这些因素导致学术图书的平均销量下降。

最令人不安的或许是图书馆订购专著的数量急剧下降。学术著作是一个出版概念,虽然有多种定义,但无一令人满意。最

① 2007 年耶鲁大学出版社年度销售总额为 3075.2 万美元,其中纽黑文销售额为 2306.1 万美元,伦敦分公司为 769.1 万美元。

常见的一个定义是：专著是供研究者阅读的图书。但还有一个定义也许更有指导意义，那就是已故最高法院大法官波特·斯图尔特（Potter Stewart）对色情书刊定义："我一看见它，就能知道它是不是。"无论我们能否准确定义专著，最重要的事实是，图书馆订购的专著越来越少。蒂娜·韦纳说："我们现在销售的许多图书，每种销量只有300至500册。而在过去，由于图书馆订购的数量庞大，我们可以毫不费力地卖出1000册到1500册。"

她所举的最有说服力的例子是1959年出版的富兰克林文献系列的第1卷和2003年出版的第37卷的销量对比。"第一卷卖了8100册，此后的销量一直下滑。"她说，第37卷出版4年后仅售出700册。她又称："你也许认为图书馆既然订购了这一重要系列最早出版的部分图书，那么就会购买整套图书。但显然它们没有这么做，无论这套书本身多么优秀。这个案例以一种非常有说服力的方式表明，拥有图书馆长期订单的日子已经结束了。没有比这更剧烈的变化了。"

探讨大多数学术图书馆目前订购图书方式的重大变化超出了本书的范围，但可以肯定的是，过去几十年间之所以发生这些变化，部分原因显然是教育界对电子信息资源依赖性的增强以及印刷图书持续的边缘化。需要强调的是，书籍依然很重要，任何渴望在业界同行中赢得尊重和地位的机构都可能因拒绝采购纸质书籍而危及自身。1990年代中期的加利福尼亚大学伯克利分校就遭遇了这种风险，其时该大学开始缩减印刷图书的采购规模而订购更多电子图书资料，这一趋势导致大学图书馆馆长彼得·莱曼（Peter Lyman）于1998年辞职。莱曼在宣布退休前几个月曾对我说："大学不支持采购图书的行为，我认为这犯了一个可怕而又令人震惊的错误。我们应该为加利福尼亚州收藏更多的文献资料。如果我们这里不收藏，就可能意味着全州，甚至整个西海岸都不会收藏这些文献。而他们就这样抛弃了这一切。我们每年采购的图书越来越少。"①在和他的访谈中，莱曼提出了这一观点："如果某种产品的传统市场消失，那么不久之后该产品也会消失。我非常担心学术著作未来的命运。"加州大学伯克利分校图书馆在全美学术图书馆协会（Association of Research Libraries，ARL）120 个会员中排名持续下滑 3 年之后，该校终于开始增加采购图书的预算。直到此时，内部的批评声音才开始平息下来。当时该校一位终身教授撰文质疑大学是否已经"失去了灵魂"，该文章被广泛引用。②

这一插曲令人信服地表明，最受大众尊崇的学术机构仍然会有出色的纸质书馆藏。这也表明，一个新创立的学术机构要想赢得人们的尊重，最可靠的办法之一就是创办一个优秀的图书馆。在全美学术图书馆协会的排名中位列首位的哈佛大学图书馆馆藏图书超过 1550 万册，并以惊人的速度持续采购图书，2005 年新增馆藏图书 42.9344 万册；耶鲁大学藏书 1200 万册，藏书总量仅次于哈佛大学，2005 年耶鲁大学图书馆新增馆藏图书 30.2604 万册。正像这些可观的数字所表明的那样，无论是纸质图书还是电子图书，这两所大学都没有压缩其学术研究资料的采购经费。学术图书馆协会的其他成员单位也十分注重维持其年度藏书的排名，当它们的排名得以提升时甚至会感到沾沾自喜。有趣的是，拥有 1030 万册馆藏图书的多伦多大学从 1994 年起排名从第九名开始稳步上升，在最近两次的排名中位列第三名，成了北美所有公立大学中藏书最多的大学。与美国众多依靠政府资助的州立大学不同，多伦多大学拥有"受保护的预算经费"，专门用于采购纸质图书，并根据通货膨胀情况每年

---

① 尼古拉斯·A. 巴斯贝恩：《耐心和毅力》（*Patience and Fortitude*），页 436 - 439，纽约：哈珀科林斯出版公司（HarperCollins），2001 年。

② 参见利昂·F. 利特瓦克（Leon F. Litwack）：《图书馆已经失去了灵魂？》（"Has the Library Lost Its Soul?"），《加利福尼亚月刊》（*California Monthly*），第 108 期，1998 年 2 月。

调整预算。多伦多大学图书馆馆长卡罗尔·摩尔（Carole Moore）称："截至目前，我们了解到，我们在图书电子化方面所做的一切——我们努力在这些领域保持领先地位——似乎导致人们更愿意使用印刷图书资料。"①然而，北美大陆绝大多数其他机构——根据美国图书馆协会的报告，美国有各类图书馆11.7467万个，其中3700家是学术图书馆——的年度图书采购数量都在持续下降。

布朗大学主管学术规划和行政事务的副校长布莱恩·L. 霍金斯（Brian L. Hawkins）在1996年撰写了报告《传统图书馆的不可持续性和对高等教育的威胁》（"The Unsustainability of the Traditional Library and the Threat to Higher Education"），曾做出过准确的预测：到2001年，大学图书馆将只能购买20年前他们能负担得起的2％的科研资料；而到2026年，"我们那些最好的图书馆，其图书预算经费也只能采购45年前20％的图书"。② 对此，霍金斯提出了一种解决方案，即增加购买计算机设备、软件和各种在线服务的经费，减少采购纸质图书和期刊的费用，这一方案越来越受到各地那些注重成本的图书馆的欢迎。直接受到影响的就是从出版商长期订购书籍的做法，大学出版社——其中不少就是为了服务这一特定市场而成立的——不幸深受其害。

导致大学图书馆图书采购减少的另一个重要因素是政府不再提供经费支持。"约翰逊政府执政后期，多年来一直资助大学

---

① 尼古拉斯·A. 巴斯贝恩：《耐心和毅力》，页440，纽约：哈珀科林斯出版公司，2001年，2007年夏天作者与其联系时再度确认。
② 同上，页429。

图书馆采购的联邦教育经费直接被取消。"①约翰·雷登告诉我:"这一经费被取消之后,图书采购开始出现可怕的急剧下降的趋势。所有的出版商都受到损害,首先是出版社库存图书难以售出,然后出版社压缩图书印数,最后提高定价。与此同时,图书馆,尤其是大学图书馆开始将大量的预算经费用于采购自然科学方面的图书,这意味着将有更多经费用于学术期刊的采购,在技术方面的投入也会更多。因此,今天的大学图书馆仅有25％的预算经费用于纸质图书的采购。"

近几十年来图书馆采购方面的变化,若要以一种更好的方式来描述的话,可以被称为多家机构联合采购。北美地区的每一所大学图书馆都可在线检索馆藏书目,他们知道每所大学图书馆有哪些馆藏图书,这样,就可通过馆际互借协议而实现馆藏图书资源的共享。"长期以来,图书馆员之间一直在争论一个问题,即今天重要的不是拥有资源的所有权而是拥有资源的访问权。"②俄亥俄州欧柏林学院(Oberlin College)的图书馆馆员雷·英格利什(Ray English)曾向我解释了其中的情况。他管理全馆200万册藏书,这是全美本科院校中藏书最多的图书馆。他继续说道:"问题不在于图书馆是否要购买所有的资源,而是要开拓自己的道路,这意味着要充分利用共享资源。"位于马萨诸塞州西部先锋谷地区的五所院校——阿默斯特学院(Amherst)、史密斯学院(Smith)、曼荷莲女子文理学院(Mount Holyoke)、汉普郡文理学院(Hampshire College)和马萨诸塞州立大学阿默斯特分校(Univ. of Massachusetts at Amherst)——

---

① 苏联发射卫星一年后,《国防教育法》(The National Defense Education Act, NDEA)1958 年生效,该法旨在刺激科学、数学和外语等教育事业的发展。法案也为技术教育、区域研究、地理研究、英语作为第二语言、辅导和指导、学校图书馆建设、教育媒介的获取和图书馆员培训等提供财政支持。1965 年,该法得到《高等教育法》(Higher Education Act)的进一步强化。项目资助于 1972 年终止。
② 参见尼古拉斯·A. 巴斯贝恩:《耐心和毅力》,页 463,纽约:哈珀科林斯出版公司,2001 年。

就采用了这一运行模式。它们组成了"五校联盟"(Five College Consortium),并对各大学的图书馆实施一种"集体"管理的方案,方案允许各校院学生可从其他院校借书。最新数据显示,整个五校图书馆管理网络上有 900 万册图书可供借阅,还有一个快递系统,能保证提出借阅申请后 24 小时内将图书送达。这意味着联盟成员不必收藏相同的学术著作。大多数情况下,只要收藏一本就够了。尽管这种高效的借阅方案可以让大学图书馆减少馆藏和成本,但为了生存,大学出版社不得不创新其营销策略,以在其他地方推销新书。

无论市场如何变化,耶鲁大学一直都希望所属大学出版社能够承担其运营成本。1961 年正式成为耶鲁大学的部门以后,耶鲁大学出版社就有资格获得大学总捐赠的一部分。2007 年的报告称,当年耶鲁大学接受了 225 亿美元的捐赠,这一捐赠额仅次于哈佛大学,创下耶鲁大学历史新高。哈佛大学同期接受捐赠 349 亿美元。"公平地说,这是大型大学出版社所拥有的一大优势,"约翰·罗林斯坦承,"并非所有出版社都能获得捐赠,但普林斯顿大学、哈佛大学以及耶鲁大学的出版社都有,这对我们的帮助很大。耶鲁大学捐赠基金的使用方式是,对所有捐赠进行统一投资和管理,大学的每个部门都能享有一定的份额,这就像一种互惠基金。而我们出版社享用了其中一定的份额。"每年分配给各部门的津贴也会根据当年的捐赠规模而上下浮动。"这笔经费就是我的本金,我们用作流动资金,以投资于我们的未来。这笔钱主要投资于图书出版。这就是区别所在,因为我们的财务目标是实现盈亏平衡,在最好的时候,完全靠经营实现盈亏平衡。在某些年份,我们成功实现了这一目标;还有些年份,未能实现。如果我们在经营中实现了收支平衡,那么我们拥有的那份捐赠基金就可以投入一些项目中,做一些特别的、新颖的或与众不同的事情。"2007 年财年,耶鲁大学出版社共出版 253 种精装书和 85 种平装书。

耶鲁大学历史系的约翰·海·惠特尼讲席教授（John Hay Whitney Professor）兼耶鲁大学贝内克珍稀图书和手稿图书馆（Beinecke Rare Book and Manuscript Library）馆长弗兰克·M. 特纳（Frank M. Turner）多方面见证了耶鲁大学出版社过去 40 年间的经营状况。1970 年以来，特纳一直在耶鲁大学任教，1988 至 1992 年间还曾任耶鲁大学教务长，这一职位使他成为同一时期耶鲁大学的首席学术官（Chief Academic Officer，CAO）①，也是大学行政部门的重要人物。他还曾在耶鲁大学出版委员会任职，并且帮助出版社确定了许多选题。耶鲁大学出版社出版了他撰写的五种学术著作，其中包括 2002 年出版的《约翰·亨利·纽曼：福音派宗教的挑战者》（*John Henry Newman：The Challenge to Evangelical Religion*），他的不少同行认为该书可以被视为他的代表作。1974 年出版的《科学与宗教之间：论英格兰维多利亚时代晚期的科学自然主义》（*Between Science and Religion：The Reaction to Scientific Naturalism in Late Victorian England*）则是他博士论文的修订版。因此他对出版方面的情况也有自己的见解。

基于自己多年担任耶鲁大学教务长的经历，特纳告诉我，大学出版社自负盈亏对大学行政部门来说十分重要。他说："我们希望出版社避免亏损，因为我们真的没有钱补贴他们。"他指出，只是在过去 10 年，耶鲁大学才有了这些巨额捐赠。在一个炎炎夏日的上午，我们在他位于贝内克图书馆的办公室里交谈，贝内克图书馆收藏了耶鲁大学主要的珍稀图书和手稿，也是世界上知名的知识宝库之一。谈话中，他提出的第一个观点就是大学出版社"由大学赞助运营"。这对我来说是一个新说法，尤其是在这个语境下，所以我请他加以详细说明。他答道："我的意思是，大学出版社处于大学管理系统之内，但这并不意味着大

---

① 负责制定和管理学术机构的教学计划。——译者注

学一定会补贴他们。大学也许会帮助出版社起步，或者在大学出版社经营困难的时候给他们提供过渡资金，但是通常不会提供补贴。因此，大学出版社要出版那些教师以及学者们需要的图书，但是他们也要出版一些盈利的图书，这样就能出版其他图书。"

特纳使用了另一个词语——"创新张力"（creative tension），以此来说明一所大学有责任与学者们合作，否则学者们的成果可能就不会被出版。他说："寄希望于大学图书馆长期采购一定数量的图书已不再可行，这对大学出版社的经营有很大的影响。整个大学出版系统过去都依赖于有保障的销售带来的收入。如今情况早已今非昔比，因此为了出版那些我认为应该被出版的作品，我并不反对大学出版社出版一些有销路的图书。"

因此，大学出版社一定要对其努力的目标有一个"清醒的认识"。特纳继续说道："目前，大学出版社都面临着巨大的挑战。尽管耶鲁大学出版社经营良好，但是对于应该出版哪些图书，出版社内部，出版社与出版委员会及其他部门之间都有着热烈的讨论。1970年代初我刚入行时，如果你写了一篇很出色的博士论文——当然不是指所有的博士论文，得是出色的博士论文——就会有主流大学出版社愿意出版。你的著作那时大概能售出1500册或2000册。如今情况已经改变了。我个人的体会是，在过去的25年中，大学出版社进一步融入了大出版市场，不再独立在外。在耶鲁大学出版社，你可以回顾切斯特·科尔时代的发展历程，关于此你一定已经听说了不少。但是我认为真正造就现在的、商业上非常成功的耶鲁大学出版社——正如你所定义的，耶鲁大学出版社可能是全美最成功的大学出版社——的人是约翰·雷登。"

特纳说，约翰·雷登"和切斯特·科尔截然不同。我不太了解切斯特，但是他的确十分善变，他想成为一个大人物，最终也做到了。雷登则做了很多实事。他很欣赏有才华的人，并且愿意让有才华、但不容易相处的人为他工作。我的感受是，如果他有一位优秀的编辑，他会给这位编辑很多自由，并允许他从事许多开创性的工作。他执掌耶鲁大学出版社的时间足够长，创造了一种文化，他所制定的商业计划今天正在结出硕果"。特纳补充道，最重要的是雷登"并不认为耶鲁大学出版社是他一个人的"。

雷登和科尔此前都有出版行业工作的经验，以出版专业人士身份进入耶鲁大学出版社，但与科尔不同，雷登并非耶鲁大学的毕业生，他是哈佛大学 1961 届的毕业生。1979 年雷登去耶鲁大学出版社面试社长一职时，已是芝加哥大学出版社的总编辑、副社长。在此之前，他在哈珀与罗出版公司担任执行主编。最初加入出版行业时，雷登刚刚从海军情报部门退役，在麦格劳希尔出版公司（McGraw-Hill）的销售部门任职。

雷登告诉我，担任耶鲁大学出版社社长后，他最早认识到的是，以前的模式已经失效。"我认为，从 1970 年代中期开始，所有大学出版社面临的最大挑战是如何实现经营上的成功，因为出版社仅靠销售他们自己出版的图书难以负担那些成本，一些大学出版社一直未能从困境中恢复。"事实上，他又补充道，有些出版社几乎面临破产："还有许多出版社即使压缩规模，依旧无法解决这一问题。在耶鲁大学出版社，这无疑是我面临的最大挑战，不仅是富兰克林文献——耶鲁出版社出版 15 到 20 个类似系列，还致力于许多重大出版项目——还有一般的学术专著，比如出版修订版的博士论文或者评聘终身教职的专著。我们想一直做下去，但是这些出版不能赢利。因此，我们必须要找到能带来足够收入的方法，还要做些其他事情。"

雷登意识到，所谓的"其他事情"是指要制定一种策略，让耶鲁大学出版社出版的图书总体上不亏本，他认为，要实现这一目标，就要"丰富图书的出版品种"，出版有更广泛的吸引力的图书，雷登认为这种在商业出版界已被成功运用的方式也适用于耶鲁大学出版社。雷登提到了其前雇主哈珀与罗出版公司，即今天的哈珀柯林斯出版公司就是一家采用这一策略大众图书出版公司。此外，还有许多出版公司也采用这一策略并获得了成功，如兰登书屋集团贝塔斯曼集团（Random House/Bertelsmann）旗下的出版社克诺夫，霍尔茨布林克出版集团（Holtzbrinck）旗下的法拉，斯特拉斯和吉鲁出版公司，诺登出版公司（W. W. Norton，同时设有大学出版与商业出版两家分公司）。我在伦敦采访约翰·尼科尔时，他用另一种说法来解释这一理念，称之为"图书的交叉补贴"，这其实意味着要把那些从盈利图书中赚来的钱用于补贴那些一般无法盈利的学术专著。"来耶鲁大学出版社之前，我在芝加哥大学出版社工作，后者有一个强大的学术期刊出版项目。来到耶鲁后，我曾想尝试在学术期刊出版方面有所突破，但很快意识到这并不可行，耶鲁大学出版社的优势在于人文学科领域。"雷登说道，"因此，从那时起，我决定要进一步丰富图书出版品种，为此我们采取了多种措施。其中的一个办法就是邀请那些学术著作的作者来撰写主题更为广泛的图书。"雷登决定，首先从自己的"后院"——耶鲁大学——找作者。"无论是彼得·盖伊（Peter Gay）还是 C. 范·伍德沃德（C. Vann Woodward），或者埃德·摩根，耶鲁大学有许多杰出人物，他们可以在任何出版社出版自己的著作，他们确实就是这么做的。因此，我来到耶鲁后做的一件事就是尝试着请他们中的一些人再来给我们撰写书稿。"

雷登成功招募的第一个重要作者就是耶鲁大学宗教历史学家雅罗斯拉夫·帕利坎（Jaroslav Pelikan），这让雷登颇受鼓舞。帕利坎 2006 年去世，享年 82 岁。他一生中撰写了 40 种图书，均广受好评，其中最著名的是 1970 年芝加哥大学出版社出版的五卷本《基督教传统：教义演变历史》（*The Christian Tradition：A History of Development of Doctrine*）。雷登说，他在哈珀与罗出版公司工作时结识了帕利坎，后者曾短暂担任过那家公司的学术顾问，公司出版了他的部分作品的平装书。"我在哈珀与罗图书公司担任过一段时间的历史编辑，和他很熟。当时帕利坎颇受商业出版商的青睐，他很容易就可以去其他出版社出书。"雷登说，"帕利坎曾和哈珀与罗谈过一些出版项目，但未被接受。之后他又给《读者文摘》(*Reader's Digest*)策划了一个出版选题，这个大项目让他非常兴奋，但最后他们也未采纳这一选题。我记得《读者文摘》为此付了他2.5万美元，他们认为这个选题过于复杂。显然，他们没有完全理解他的想法。所以，我来到耶鲁大学出版社后就对他说：'我们可以按照哈珀与罗以及《读者文摘》想要采用的方式来出版您的书，我们能给您带来更多读者。'我向他保证，我们会认真负责地出版他策划的这些重要图书。"

雷登的设想之所以能成功，是因为他建议帕利坎围绕他多年来一直在思考的一个出版选题在耶鲁大学发表系列公开演讲。其实，这个选题也正是他给《读者文摘》策划的那个选题，他将自己的口头讲座改编成文本，最后由耶鲁大学出版社出版。这就是1985年公开出版的《历史上的耶稣：其在文化史上的地位》(*Jesus through the Centuries：His Place in the History of Culture*)。该书出版后在大西洋两岸引发广泛评论，显然雷登大获成功。帕利坎之后接受《纽约时报》采访时说，在那五个月里，他在耶鲁大学法学院礼堂——礼堂的500座位根本不够——每周做两次公开讲座，正是这些讲座给了他一个很好的机会去写这本他一直想写的书。[1]《历史上的耶稣》精装本卖了4万多册，对于一本检视了两千年以来有关耶稣的引文、评论和阐释，并且引用广泛的书来说——从福音书到但丁、托马斯·杰斐逊(Thomas Jefferson)、阿尔贝特·施韦泽(Albert Schweitzer)

---

[1] 迈克尔·鲁齐(Michael Luzzi)：《新书研究了耶稣对文化的影响》("New Book Studies Jesus' Impact on Culture")，《纽约时报》，1985年12月1日。

　　　　　　　　　　　　　文字的世界：耶鲁出版史

的作品都有摘录——这是令人兴奋的销量。雷登说:"这是一个很好的开端,之后我们以 10 万美元的价格将该书的平装版权卖给了哈珀与罗出版公司。后来,我们出版了该书的插图版。此后不久,帕利坎又撰写了可与该书配套阅读的插图本《历史上的玛丽》(*The Illustrated Mary*)。"在耶鲁大学任职期间,帕利坎一直积极支持耶鲁大学出版社及其各类出版活动,历任出版委员会主席和出版理事会副主席。1992 年,帕利坎在筹款组织耶鲁大学出版社之友(Friends of Yale University Press)的章程会议上,发表了致辞演讲《大学的秘密武器》("The University's Secret Weapon"),在谈及学术出版社到底应该出版什么样的书时,他发表了这样的看法:

> 尽管作为耶鲁大学的教职员工,我们以学术的扎实性作为评估学术研究与教学质量的依据,在此基础上做出聘用和终身职位方面的决定,但我们耶鲁大学出版社可以自由地冒更大的风险,出版一些相较于研究质量更以大胆猜测著称的学者的作品。对此类风险的接受限度依旧是一个值得持续关注并不断反思的问题。如果不得不说的话,我可以(尽管我不会)指出在我看来近年来"越界"的耶鲁大学出版社的作者和图书——还有一些人也这么做了,但他们的猜测似乎已被证实。而这恰好是职称委员会无法承担而耶鲁大学出版社可以承受的风险。①

对雷登来说,让帕利坎的作品拥有尽可能多的读者和并建议后续的选题,"都是商业性很强的行为",这也预示着耶鲁大学出版社新的发展方向。"在那之后,我们立足于现有的优势,开

---

① 参见雅罗斯拉夫·帕利坎:《大学的秘密武器》(*The University's Secret Weapon*),页 6-7,纽黑文:耶鲁大学出版社,1992 年。

始认真出版一些教科书，也取得了很好的业绩。接下来的 15 年里，这些教科书平均每年为出版社带来 100 万美元的收益。"根据当年提交给理事会的年度报告，1994 年仅皮埃尔·J. 卡普雷茨（Pierre J. Capretz）、贝阿特丽斯·阿贝蒂（Béatrice Abetti）、玛丽·奥迪·杰曼（Marie Odile Germain）、劳伦斯·威利（Laurence Wylie）等人共同编写的《实用法语》（*French in Action*）这套书便创下了 140 万美元的销售额。"而且耶鲁大学出版社伦敦分公司出版大量艺术及艺术史图书，这类图书还在持续增长，表现愈发强劲，"雷登说，"因此我们正在出版三类传统上大学出版社不出版的图书：大众图书、教科书和艺术类图书——这基本上就是我们的制胜策略。这是我们的主要收入来源。在全美大学出版社中，我们最早做到每年都有可以向商业市场销售的、稳定且有价值的出版产出，在这方面我们非常成功。"

因为他以商业出版人的心态来经营帕利坎的书，所以雷登对该书在图书市场上的成功寄予厚望。他补充道，同样令人感到满足的是那些完全靠自己"起飞"的作品。其中一本书是由耶鲁大学著名历史学家科默·范恩·伍德沃德编辑的、19 世纪一位联盟国（Confederate）高级官员的妻子玛丽·切斯纳特（Mary Chesnut）的日记——《玛丽·切斯纳特的内战》（*Mary Chesnut's Civil War*）。1981 年该书出版之后成为畅销书。伍德沃德是一位著名的、备受尊敬的历史学家，因此，尽管切斯纳特日记成为畅销书可以算作一个美好的意外，其获得包括 1982 年的普利策奖在内的众多肯定却是意料之中的。对雷登来说，更具震撼力的是另外一本书——他说这是他最喜欢举的例子。1998 年决定出版该书时，出版社对销量几乎不抱任何期望，雷登和同事们只是觉得大学出版社应该出版这样一本书。"我们从伦敦一家专门出版中东主题图书的小型出版机构 I. B. 陶瑞思（I. B. Tauris）那里购买了这本书的美国版权，书名是'塔利班：中亚伊斯兰武装分子、石油和宗教激进主义'（Taliban: Militant Islam，Oil and Fundamentalism in Central Asia）。2000年，我们出版了该书的精装本，售出约 4000 册。这在我们看来已经相当不错了。次年夏天，我们推出了该书的平装本，销售情况与精装本类似。然后，到了 2001 年 9 月 11 日，除了这本书，全美再没有第二本书能让人们了解塔利班。我记得刚提出这本书的选题时，我曾问过'谁是塔利班？'的问题，我自己真不知道他们是什么人。接下来的一个半月内，这本书卖出了大约 30 万册。一周内便荣登《纽约时报》平装书畅销排行榜榜首，此后连续盘踞榜首数月之久。这本书确实很成功。该书作者艾哈迈德·拉希德（Ahmed Rashid），一位巴基斯坦人，也大放异彩；他在全国性的电视节目中被包括彼得·詹宁斯（Peter Jennings）、查理·罗斯（Charlie Rose）、拉里·金（Larry King）[1]在内的许多主持人采访。"雷登说，在这个案例中，我们"对这本书原本不抱任何期望，它只是讲了一个故事，仅此而已"，当时事让其讨论的主题成为公众关心的热点问题时，销量激增。雷登又提及另一个案例，尽管这本书不如前者那么富有戏剧性，但二者在与突发事件的相关性与销售潜力方面十分相似。雷登说："1978 年，耶鲁大学出版社出版了《高棉英语词典》（English-Khmer Dictionary），这其实是一本高棉语基本词汇和短语实用手册。在波尔布特（Pol Pot）[2]时代，当柬埔寨难民涌入美国时，这是唯一的一本高棉语词典。这本书耶鲁大学出版社卖了大约 3 万册，其实若能卖出 500 册出版社就相当满意了。"

1992 年，耶鲁大学出版社伦敦分公司的约翰·尼科尔提议购买知名的鹈鹕艺术史系列（Pelican History of Art），该书由著名的大众出版商企鹅出版社出版，这一提案受到耶鲁大学出

---

[1] 彼得·詹宁斯、查理·罗斯、拉里·金分别为美国广播公司（ABC）、哥伦比亚广播公司（CBS）、美国有线新闻网（CNN）的新闻主播。——译者注

[2] 波尔布特（1925—1998），高棉政治领袖，1975—1979 年领导柬埔寨红色高棉政权，给柬埔寨人民带来了深重的苦难。——译者注

版社纽黑文本部一些人的质疑,但得到了雷登的热烈支持。1953年,企鹅出版公司的创始人艾伦·莱恩(Allen Lane)提议出版鹈鹕艺术史系列,该系列由德裔英籍建筑师和艺术史学家尼古拉斯·佩夫斯纳(Nikolaus Pevsner)编辑。这套艺术史和艺术研究类精装插图系列图书,在当时吸引了一批忠实的爱好者。但是,该书版权被培生公司(Pearson Ltd.)购买后,近年来已不再赢利。如雷登所述,尼科尔提议"收留"这系列图书,包括存书目录上的书,以价格实惠的平装本形式,重新出版更新后的、内容更为简洁的版本。在1992年2月24日的出版委员会会议上,一位委员认为,这个项目有风险,不适合耶鲁大学出版社出版。确切地说,这位委员当时说的是"不妥"。雷登当即反驳这位委员的观点,他认为"买下并发行该系列现有图书以及已签约作品"并引入"站在了前人的肩膀上"的新作品是一个"难得的机遇"。"怎么完成这项工作呢?"雷登问道,"我们将咨询学术界意见,尼科尔先生将负责该书的编辑,还会组建一个该系列图书的编辑委员会。"升级后的系列图书得到了评论界的一致好评。1995年,《纽约时报》发表了一篇年终艺术图书总结,约翰·罗素(John Russell)①称"耶鲁大学出版社购买鹈鹕艺术史系列图书版权是一件令人称道的事"。② 截至2007年秋,鹈鹕艺术史系列的存书目录上已有66种图书。该系列取得成功之后,耶鲁大学出版社又购买了另一个著名系列图书的版权,即佩夫斯纳英格兰、爱尔兰、苏格兰和威士建筑指南系列(Pevsner Architectural Guides to the Buildings of England, Ireland, Scotland, and Wales)。

若查阅过去30年出版委员会和财务委员会的会议记录,就会发现,会议记录频繁提及有关确保出版图书整体不亏损的目

---

① 时任《纽约时报》首席艺术评论家。——译者注
② 参见约翰·罗素:《艺术》("Art"),《纽约时报》,1995年12月3日。

标。1995 年 12 月 7 日的出版理事会会议上，史景迁问道："是否像先前所讨论的那样，出版社仍然打算扩大新书的出版规模？"雷登答道，新书的出版规模已经扩大了，"我们正在出版的书比以往任何时候都要多"。当年耶鲁大学出版社的书目中有 185 种精装书，上一年只有 170 种，前年仅有 150 种。于是，史景迁还想知道"出版社出版的商业图书和其他图书有何不同，二者是否有明显的区别"。蒂娜·韦纳答道，随着学术专著的销量持续下降，出版那些能吸引更多读者，并能在一般零售书店面向更多读者销售的图书则变得更为重要。雷登补充道，尽管如此，但"我们现在出版的学术著作比以往更多"。

在耶鲁大学出版社 2001 年 10 月 2 日的一次会议上，与会成员多次谈到艾哈迈德·拉希德的《塔利班》一书的惊人销量。在纽约世界贸易中心和华盛顿五角大楼遭到恐怖袭击之后不到一个月的时间里，该书便售出 15 万册，此外，其他几本书的销量也十分惊人。韦纳汇报说，两年前出版的约翰·卢卡奇（John Lukacs）的《伦敦五日》（*Five Days in London*）在短短数周内售出 6 万册布面精装本，2.5 万册平装本。韦纳认为，这本书之所以能有如此惊人的销量，是因为其在"9·11"恐怖袭击之后很快获得了纽约市长鲁迪·朱利安尼（Rudy Giuliani）的明确支持。当时，卢卡奇的书详细记载了 1940 年 5 月温斯顿·丘吉尔说服内阁抵抗德国的故事：丘吉尔表示，如果有必要，英国应该单独与德国战斗。朱利安尼在接受众多全国媒体采访时称这段故事激励了他。朱利安尼最喜欢的片段之一是这样的一个金句。丘吉尔首相告诉他的同事："求和者就是希望最后一个被鳄鱼吃掉的人"。

《塔利班》一书的畅销一直持续到 2002 年，该财年接近尾声时，雷登特别提到该书所取得的巨大成功。6 月 14 日，他告诉理事会："今年我们有《塔利班》这本畅销书，明年就没有了。鉴于此，我预计明年整体的销售额会下降约 100 万美元。"在会议后半段,韦纳表达了他对即将出版的几本书所寄予的厚望,事实证明她的预言相当准确,最具说服力的例子是她对埃德蒙·摩根的《本杰明·富兰克林》(*Benjamin Franklin*)一书的热情,不久之后,该书精装本就售出 12 万册。她还对《恐怖主义为何起作用:了解威胁,应对挑战》(*Why Terrorism Works*:*Understanding the Threat*,*Responding to the Challenge*)一书的市场前景深表乐观,该书是著名律师艾伦·德肖维茨(Alan Dershowitz)对当时形势所发表的及时评论,后来售出 3 万多册。此外,韦纳对约翰·卢卡奇的新作《丘吉尔:远见者、政治家、历史学家》(*Churchill*:*Visionary*,*Statesman*,*Historian*)一书也颇为乐观,该书紧随着卢卡奇的前作《伦敦五日》所引发的轰动出版。此外,一部刚刚出版不久的作品的市场数据也令人欣喜,由埃尔文·M. 布罗多(Irwin M. Brodo)、西尔维娅·杜兰·沙尔诺夫(Sylvia Duran Sharnoff)和斯蒂芬·沙尔诺夫(Stephen Sharnoff)共同撰写的《北美地衣》(*Lichens of North America*),精装本售出 7300 册,总收入达 30 万美元。同样令人满意的是,这本关于地衣的书刚刚被提名为 2001 年度霍金斯图书奖(R. R. Hawkins Award),这是美国出版商协会(Association of American Publishers)颁发给优秀学术图书或参考书的年度大奖。

弗兰克·特纳认为,雷登鼓励编辑们发挥自己的创造力的做法取得了丰硕的成就。1979 年雷登来到纽黑文时已在耶鲁大学出版社工作的编辑爱德华·崔普(Edward Tripp),因为经常能为新的出版项目提出各种绝妙的策划方案而备受赞誉。"爱德华人很好,"特纳回忆道,"1974 年我在耶鲁大学出版社出版我的第一本书时,他已在出版社工作了几年。他是一个非常有创造力的人,策划过许多有趣的图书,这给我留下了深刻的印象。他总会说:'为什么我们不尝试一下这个? 为什么我们不尝试一下那个?'你要知道,耶鲁大学出版社是通过友情开展工作的,编辑积累人脉,他们不会羞于开口询问:'最近过得怎么样?或许我们可以搞一个新系列。'编辑们强调与作者的合作,并与作者保持经常的联系。因此,到后来,作者终于完成一部书稿时,他很可能会说:'我要把这部书稿交给耶鲁出版。'"

从事出版工作之前的 20 年,崔普是纽约市的社会工作者和专业小提琴演奏家。1959 年,他进入克罗尔出版公司(T. Y. Crowell),任参考书编辑部的负责人,该公司后来成为哈珀柯林斯旗下的子公司。1971 年 7 月,崔普进入耶鲁大学出版社,1973 年被任命为总编辑,一直任职到 1990 年退休。9 年后崔普去世,享年 79 岁。雷登称,他是"我在耶鲁大学出版社共事过的最富有想象力和最全面的编辑"。① 1982 年,崔普策划了史无前例的《纽约百科全书》(*Encyclopedia of New York City*)选题,该选题完美阐释了雷登一直在寻求的目标,即那些既有扎实的研究也有商业潜力的图书,也印证了特纳对崔普的描述——在特纳眼中崔普总是在思考如何去探索那些令人激动的出版方法。崔普邀请哥伦比亚大学历史学家肯尼思·T. 杰克逊(Kenneth T. Jackson)担任这个出版项目的主编。肯尼思·杰克逊表示,他记得有一天一个陌生人给他打电话,还带来一个策划方案,即要编写一本有关美国最大的、最活跃的大都市纽约的图书,内容涉及纽约市的历史、文化、地标、街区、特征、俗语和传说等。该书收入有关纽约市的信息、文章和诸多细节,这些内容迷人、令人好奇又神秘。杰克逊被这个提议以及这样一个能将"370 年的纽约历史置于封面和封底之间"的机会所吸引,立刻同意参与这一项目。

该项目的经费由耶鲁大学出版社和纽约历史学会(New York Historical Society)联合筹措。其中,纽约历史学会负责

---

① 尼克·拉沃(Nick Ravo):《〈纽约百科全书〉的策划者爱德华·崔普去世,享年 79 岁》("Edward Tripp,79, Creator of New York Encyclopedia, Dies"),《纽约时报》,1999 年 4 月 9 日。

筹措来自个人的捐助,最大的一笔个人捐款有 35 万美元,来自格拉迪斯和罗兰·哈里曼基金会(Gladys and Roland Harriman Foundation)。最终,双方共筹措近一百万美元,以支持这一宏伟事业。最初的想法是编写一部 84 万字的书,但是"后来项目的规模不断扩大",耶鲁大学出版社编辑弗雷德·卡门尼(Fred Kameny)说道,崔普退休后,他接管了这个项目。到 1995 年正式出版时,《纽约百科全书》的字数已经翻了一番。肯尼斯·杰克逊的职责之一就是邀请众多权威学者撰写书中收录的 4288 个词条,最终共有 680 位作者为该书撰稿。"但凡对纽约有一丝兴趣的人都离不开这样一本书。"《纽约时报》热情洋溢地评论道。尽管《纽约百科全书》定价 65 美元——现在其零售价已达 75 美元——重达 7 磅半,却非常畅销。截至 2007 年,该书已印刷 5 次,精装本售出 7 万册。耶鲁大学出版社还出版了其他单卷本百科全书,如《美国西部新百科全书》(*The New Encyclopedia of the American West*,1998),该书获得了牛仔名人堂(Cowboy Hall of Fame)颁发的西部遗产奖(Western Heritage Award),由耶鲁大学荣休历史斯特林讲席教授,1992 年至 1993 年曾任耶鲁大学校长的霍华德·R. 拉马尔(Howard R. Lamar)编辑,2000 年耶鲁大学成立了以他的名字命名的"霍华德·R. 拉马尔边疆与边境研究中心"(Howard R. Lamar Center for the Study of Frontiers and Borders)。其他类似的汇编图书还有:詹姆斯·P. 德尔加多(James P. Delgado)编辑,与大英博物馆出版社(British Museum Press)合作出版的《水下与海洋考古百科全书》(*Encyclopedia of Underwater and Maritime Archaeology*,1998);由战略与国际研究中心国际研究理事会(International Research Council of the Center for Strategic and International Studies)联合主席沃尔特·拉奎尔(Walter Laqueur)编辑,好莱坞导演史蒂芬·斯皮尔伯格(Steven Spielberg)提供大笔资助的《大屠杀百科全书》(*The*

Holocaust Encyclopedia,2001）；布莱恩·拉洛尔（Brian Lalor）编辑的《爱尔兰百科全书》（*The Encyclopedia of Ireland*，2003）；伯特·费恩图奇（Burt Feintuch）和戴维·H. 沃特斯（David H. Watters）共同编辑的《新英格兰百科全书》（*The Encyclopedia of New England*）——截至 2007 年秋，该书销量已过万册。

尽管《纽约百科全书》是崔普最受人注目的出版项目，正如许多作者在其书中致谢中提到的那样，他还主持了许多其他图书的出版。如在 1998 年出版的《日本兵器武艺：剑术与射箭》（*Armed Martial Arts of Japan：Swordsmanship and Archery*）一书的序言中，宾夕法尼亚大学历史教授、东亚研究中心主任 G. 卡梅隆·赫斯特（G. Cameron Hurst）写道："当耶鲁大学出版社的编辑爱德华·崔普与我取得联系时，这个图书项目便诞生了，比我现在能回忆起的还要早得多。对我而言，当时的场景依然历历在目。那是一个夏天，崔普先生给我打来电话时我正在家里吃午饭。他说耶鲁大学出版社很想出版一本有关武术的书，问我有没有兴趣写这样一本书。当时我大吃一惊，第一反应竟是要找出那个手持相机正藏在沙发后面（偷拍的）艾伦·芬特（Allen Funt），心想'我是不是上了《真实镜头》（Candid Camera）节目？'"[①]

在耶鲁大学出版社工作的 13 年里，崔普为出版社组了大约 200 部书稿，涉及主题非常广泛。他策划出版的图书如下：南希·F. 科特（Nancy F. Cott）的《妇女的枷锁：1780—1835 年新英格兰的"女性领域"》（*The Bonds of Womanhood："Woman's Sphere" in New England，1780-1835*）、美国饮食协会（American Dietetic Association）发布的《临床饮食手册》（*A*

---

① 将毫无戒心的人置于尴尬、荒谬、滑稽的情境下，并用隐藏摄影机记录他们的反应的节目，艾伦·芬特是该节目主创人员之一。——译者注

Handbook of Clinical Dietetics）、保罗·巴伯（Paul Barber）的《吸血鬼、葬礼与死亡：民间传说与现实》（Vampires，Burial，and Death：Folklore and Reality）、卢珊·多布罗斯基（Lucjan Dobroszycki）的《罗兹犹太人区纪事，1941—1944》（The Chronicle of the Łódź Ghetto，1941－1944）、埃里希·莱因斯多夫（Erich Leinsdorf）的《作曲家的支持者》（The Composer's Advocate）、拉姆齐·麦克马伦（Ramsay MacMullen）的《罗马帝国的异教》（Paganism in the Roman Empire）、维克多·特拉斯（Victor Terras）编辑的《俄罗斯文学手册》（A Handbook of Russian Literature）、普雷斯顿·克罗德（Preston Cloud）的《宇宙、地球和人类：宇宙简史》（Cosmos，Earth，and Man：A Short History of the Universe）以及林恩·马古利斯（Lynn Margulis）的《性别的起源：基因重组的 30 亿年》（The Origins of Sex：Three Billion Years of Genetic Recombination）。在 1990 年 3 月 26 日的出版委员会会议上，正值崔普将要退休，雅罗斯拉夫·帕利坎向他敬酒致谢："如果你想要一座纪念碑，就看看你的周围。"帕利坎借用的这句话曾被用来赞颂克里斯托弗·雷恩爵士（Sir Christopher Wren）[1]花费 40 年时间重建伦敦圣保罗大教堂所付出的艰辛努力。在崔普在耶鲁大学出版社任职期间，帕利坎继续说道："耶鲁大学出版社出版的图书数量不断增长，但这一时期出版的图书也带有一丝他的风格［他撰写的著名的附信（covering letter）亦是如此］并体现了他对那些独特主题（如吸血鬼）所怀有的兴趣。因此，我将改写约翰·弥尔顿的《欢乐颂》：'来吧，伴随着梦幻般的光芒，奇妙地舞蹈，轻灵地向前。'"[2]

　　那些年里，耶鲁大学出版社硕果累累，当然，我很想将这一时

---

①　克里斯托弗·雷恩爵士（1632—1723），英国天文学家和建筑师。——译者注
②　英文原文为"Come and trip as ye grow，With a light fantastic glow."帕利坎在讲话中用崔普的姓"Trippe"一词替换了原文中读音与其相似的、表示"轻快地走"的"trip"一词。——译者注

　　　　　　　　　　　文字的世界：耶鲁出版史

期出版的其他所有著名图书全部罗列出来,但那可不是一件容易的事。不过部分图书实在值得一提:如桑德拉·吉尔伯特(Sandra Gilbert)与苏珊·古芭(Susan Gubar)合著的《阁楼上的疯女人:女性作家与 19 世纪文学想象》(*The Madwoman in the Attic*: *The Woman Writer and the Nineteenth-Century Literary Imagination*, 1979)、伊丽莎白·扬-布鲁尔(Elisabeth Young-Bruehl)的《爱这个世界:汉娜·阿伦特传》(*Hannah Arendt*: *For Love of the World*,1982)、乔纳森·布朗(Jonathan Brown)的《委拉斯开兹:画家与朝臣》(*Velázquez*: *Painter and Courtier*,1986)、罗伯特·L. 赫伯特(Robert L. Herbert)的《印象派:艺术、休闲和巴黎社会》(*Impressionism*: *Art*, *Leisure*, *and Parisian Society*, 1988)、罗纳·高芬(Rona Goffen)的《乔凡尼·贝利尼传》(*Giovanni Bellini*,1989)、威廉·L. 万斯(William L. Vance)的《美国罗马》(*America's Rome*、1990)、卡米尔·帕格里亚(Camille Paglia)的《性别角色:从奈芙提蒂到艾米莉·狄金森的艺术与颓废》(*Sexual Personae*: *Art and Decadence from Nefertiti to Emily Dickinson*,1990)、劳伦斯·L. 朗格(Lawrence L. Langer)的《大屠杀见证:记忆的废墟》(*Holocaust Testimonies*: *The Ruins of Memory*,1991)、埃蒙·达菲(Eamon Duffy)的《祭坛的剥离:英国的宗教传统,1400—1580 左右》(*The Stripping of the Altars*: *Traditional Religion in England*, *c. 1400 – c. 1580*,1992)、约翰·迪奇克(John Dizikes)的《美国歌剧:一部文化史》(*Opera in America*: *A Cultural History*, 1993)、大卫·丹尼尔(David Daniell)的《威廉·廷代尔传》(*William Tyndale*: *A Biography*, 1994)以及亨利·凯门(Henry Kamen)的《西班牙宗教裁判所:历史的修正》(*The Spanish Inquisition*: *A Historical Revision*, 1998)。显然,这仅仅是耶鲁大学出版社出版的优秀图书的部分代表,它们都有一个共同的特点,即既有影响力,又能吸引那些有鉴赏力的读者。

1991 年，雷登聘请了时年 40 岁、拥有芝加哥大学的英语博士学位的乔纳森·布伦特(Jonathan Brent)。1980 年代，布伦特以西北大学出版社(Northwestern University Press)社长的身份成名；该社一度萎靡不振，布伦特接手后起死回生。在哥伦比亚大学读本科期间，布伦特学习俄罗斯文学专业，并将许多俄文图书译为英文，其中包括美籍俄裔诗人约瑟夫·布罗德斯基(Joseph Brodsky)的诗集以及《伊萨克·巴别尔的自白》(*Confession of Isaac Babel*)，该文收入他 2008 年出版的《斯大林档案》(*Inside the Stalin Archives*)一书。布伦特和他的妻子——诗人兼专业翻译弗朗西斯·帕多尔·布伦特(Frances Padorr Brent)于 1984 年创办了《结构》文学季刊(*Formations*)，主要关注东欧作家的作品，其中包括许多在苏联最后几年里相当活跃的异见作家的作品。雷登说，布伦特给他留下了深刻的印象，因为他是一位"富有想象力且极富进取心的编辑"，他很快就对耶鲁大学出版社 21 世纪的发展方向产生了"重要影响"。1997 年，布伦特被任命为总编。2001 年，被任命为副社长。同时他也一直在策划新的项目，但最激动人心的莫过于 1991 年他被录用后几周内出现的一次机遇。

上任仅一个月，布伦特应金融投机者乔治·索罗斯(George Soros)的邀请参加了在布拉格举行的一次会议。索罗斯出生于匈牙利，是《结构》文学季刊的赞助人，他积极支持全球各种慈善事业。在布拉格，索罗斯和布伦特听到一个学者在谈论捷克档案馆里正在进行的一项研究。布伦特告诉我："我猛地打断了他，问：'你是指捷克斯洛伐克的前共产主义政府吗？你在研究那些档案？'他说，是的。我转身对索罗斯说：'那些档案中一定有值得出版、值得了解的内容。我们要出版一个系列，要把这个系列称为极权主义文献系列(Documents of Totalitarianism)。'我很兴奋，因为我知道这些文献。虽然我不是历史学家，但我知道这些文献。"咨询东欧当地的联系人后，布伦特更加相信，获取苏联机密档案资料也是可行的，他很快凭着直觉行动起来。布伦特说："1991 年

10月，我去见了约翰·雷登，然后他对我说：'你去趟莫斯科，让我们看看你能在那里有什么发现。'雷登没有马上坐下来拿出一个计算器说：'好的，这要花多少钱？钱从哪里来？我们能卖多少书？你有什么计划？'我想不到当时还有哪家美国出版社的社长能做到这一点。雷登的反应让我松了一口气，因为其中任何一个问题我都无法回答。"为了能让布伦特启动这个项目，乔治·索罗斯开出了一张3.6万美元的支票。布伦特说："虽然不多，但这笔钱让我能在1992年1月前往莫斯科，并能确认那里到底有什么资料。这笔钱也能让我和档案馆的负责人会面并达成交易。它也让我心里有底，相信自己可以找来更多的钱并落实这个项目。这是一个一件事促成另一件事的典型个案。"

经过长达几个月的谈判，布伦特最终达成了一项协议。据此，耶鲁大学出版社同意出版以苏联档案馆的档案文件为原始素材的系列学术著作，这在一年前根本无法想象。他同意以俄文和英文译文来呈现这些文献材料，并在书中收入美国和俄罗斯学者的评论。并非所有的文献资料都是公开的，一些管理员对档案资料的查阅设限，还有一些文件则不得查阅。即使如此，依然能够获取大量的档案资料。"我得去招募作者，还要招募学者和研究人员，我成立了一个编委会，"布伦特说，"有人告诉我，这个项目不可能完成，有太多文件需要梳理。我说：'我们有研究团队，他们会去档案馆查阅资料，并将它们全部整理汇编成各个特定的图书出版项目。'当我着手这个出版项目时，我知道那些档案中有很多是机密文件，一定是很好的内容。我就知道这些。我去莫斯科时，连共产国际是什么都不知道。我对苏联历史的认识都来自伊萨克·巴别尔（Isaac Babel）①和安娜·阿赫玛托娃（Anna Ahkma-

---

① 伊萨克·巴别尔（1894—1940），苏联犹太作家，代表作是短篇小说集《骑兵军》，其中以《我的第一只鹅》最为著名。——译者注

tova)①,我不知道维辛斯基②是谁,只是因为莫洛托夫燃烧瓶才知道莫洛托夫③。但我知道,我小时候因为苏联的缘故,要躲进学校地下室的课桌下。苏联人造卫星升空时,我所在的学校一片恐慌。我记得当时的麦卡锡-陆军听证会(the army-McCarthy hearings),我记得我的父母在争论阿尔杰·希斯(Alger Hiss)④的事情。因此,我知道这些档案资料在世界上非常重要。我知道这段历史决定了我们是谁。我也知道这段历史不会消失。于是我开始去了解这段历史。天啊,我学到了太多东西。"

1995年最终定名为共产主义编年史系列(Annals of Communism)首次出版时,铁幕落下还不到四年。《美国共产主义的秘密世界》(*The Secret World of American Communism*)由埃默里大学政治与历史学教授哈维·克莱尔(Harvey Klehr)、美国国会图书馆手稿部从事20世纪政治历史研究的专家约翰·厄尔·海恩斯(John Earl Haynes)以及俄罗斯现代历史文献保护和研究中心下属的共产国际档案室前负责人弗里德里克·伊戈雷维奇·费索夫(Fridrikh Igorevich Firsov)三人共同撰写。该书的中心内容是来自共产国际档案馆的92份文件,文件极有说服力地证明,美国共产党深度参与了1950年代针对美国的间谍活动。这些文件似乎也证实了最早指控阿尔杰·希斯从事对美间谍活动的惠特克·钱伯斯(Whittaker Chambers)的说法,他表示1930年代华盛顿有复杂的苏联间谍网络。该书还披露,已故的美国亿万富翁阿曼德·哈默(Armand Hammer)曾为苏联洗钱,驻莫斯科的著名记

---

① 安娜·阿赫玛托娃(1889—1966),苏联著名诗人。——译者注
② 安德烈·雅奴阿列维奇·维辛斯基(Andrey Vyshinsky,1883—1954),苏联法学家、外交家,1949—1953年曾任苏联外交部长。——译者注
③ 维亚切斯拉夫·莫洛托夫(Vyacheslav Molotov,1890—1986),1939—1949年及1953—1956年曾任苏联外交部长。莫洛托夫燃烧瓶(Molotov cocktail)是一种简易炸弹,由一个装满汽油或气体的瓶子和一块布组成,在投掷炸弹之前,需要先将布点燃。——译者注
④ 阿尔杰·希斯(1904—1996),美国政府官员,1948年被指控为苏联间谍,入狱五年。——译者注

文字的世界:耶鲁出版史

者埃德蒙·史蒂文斯(Edmund Stevens)受雇于苏联。

截至 2008 年,该系列已经出版 20 种图书,更多的书还处于不同的筹备阶段。截至目前,已出版的有:奥列格·V. 赫列夫纽克(Oleg V. Khlevnyuk)撰写的《古拉格的历史:从集体化到大清洗》(*The History of the Gulag: From Collectivization to the Great Terror*,2004),布伦特为此聘用了十几名俄罗斯研究人员来梳理共产国际的档案;哈佛历史学家理查德·派珀斯(Richard Pipes)和尤里·A. 布拉诺夫(Yuri A. Buranov)撰写的《不为人知的列宁:来自苏联的秘密档案》(*The Unknown Lenin: From the Secret Archive*,1999)。其中最具争议的是《西班牙背叛:西班牙内战中的苏联》(*Spain Betrayed: The Soviet Union in the Spanish Civil War*,2001),该书由罗纳德·拉多什(Ronald Radosh)、玛丽·R. 哈贝克(Mary R. Habeck)和 G. N. 塞沃斯季诺夫(G. N. Sevostianov)共同撰写,记录了西班牙内战期间苏联对共和派政府军的全面支持。克里斯托弗·希钦斯(Christopher Hitchens)在《威尔逊季刊》(*Wilson Quarterly*)中写道:"对共产国际在西班牙的活动的一切怀疑都被证明是事实。"[1]萨姆·塔南豪斯(Sam Tanenhaus)在《名利场》杂志(*Vanity Fair*)上写道:"如果西班牙是越南,那么这些文件则相当于"五角大楼文件"(Pentagon Papers)[2]。"[3]2007 年春,耶鲁大学出版社和斯坦福大学胡佛研究所(Hoover Institution)宣布,他们正在敲定一项合作计划,要把斯大林的个人档案资料进行数字化整理和出版,其中包括有关 1930 年代和战后初期的大清洗事件的信件。布伦特接受采访时说:

---

① 克里斯托弗·希钦斯撰写的《西班牙背叛:西班牙内战中的苏联》书评,《威尔逊季刊》,第 25 卷,2001 年第 3 期,页 106。

② 五角大楼文件正式名称为"国防部长办公室越南部队报告"(Report of the Office of the Secretary of Defense Vietnam Task Force),内容为 1945 年至 1967 年美国在政治和军事方面在越南扮演的角色。——译者注

③ 参见萨姆·塔南豪斯(Sam Tanenhaus):《异乡奇遇》("Innocents Abroad"),《名利场》,第 286 页,2001 年 9 月。

"这些文件就像斯大林时期的死海古卷。"他补充道,这些资料将有助于理解"斯大林个人,其心理活动,以及他成长为领导人的历程"。

自十多年前出版以来,《美国共产主义的秘密世界》是这个系列中销量最高的一种,精装本售出 1.6 万册,平装本售出 3000 册,其中不少被图书馆订购。销售数据虽然很可观,但收入不足以支撑这个涉及大量人力劳动的宏伟项目。鉴于这些资料非常敏感,人们在这些问题上持续存在政治上的分歧,因此,很难获得经济上的资助。布伦特向我明确表示:"我得了许可,可以继续从事这个出版项目,但我不得不完全利用外部资金来做这个项目。我去了福特基金会和麦克阿瑟基金会等一些大型基金会寻求资助,但他们都直接拒绝了我们。我不得不筹集大量资金,到目前为止已筹集了一百多万美元,我还要筹集更多的资金。"

但也有某些幸运的时刻,布伦特表示,令他深感感激。《美国共产主义的秘密世界》出版不久,他收到了美国前驻印度和联合国大使丹尼尔·帕特里克·莫伊尼汉(Daniel Patrick Moynihan)的贺信,那时他是纽约的资深参议员。莫伊尼汉也是国会两党"保护和减少公共秘密委员会"(Commission on Protecting and Reducing Government Secrecy)的主席,该委员会一直在研究如何解密过去 50 年来美国收集的有关苏联在美间谍活动的大量秘密档案,这些秘密档案被称为"维诺那计划"(Venona project)①。布伦特说:"在此之前,只有少数人知道维诺那档案,莫伊尼汉参议员就是其中之一。他建议我们聚到一起,然后他邀请约翰·海因斯(John Haynes)和哈维·克莱尔(Harvey Klehr)到华盛顿的保密委员会作证。为什么要这么做呢?我们

---

① 美国和英国情报机构长期合作进行的一项秘密情报收集和分析任务,旨在截获和破译苏联情报机关所发出的消息(大部分在二战期间)。美英两国情报机关先后使用过 13 个代号来代表这一计划,最后使用的代号为"维诺那"。——译者注

在这本书中出版的内容来自解密的苏联档案,它们就是被苏联密码学家加密后发送给苏联驻华盛顿的大使馆和驻纽约的领事馆的密文的原文。这些文件在美国被列为最高机密。他们得出的结论是,耶鲁大学出版社已经将相关文件整理出版,那么就没有理由再保护这些秘密了。"该委员会的调查结果于1997年被提交给比尔·克林顿总统,其中有一项建议,即建议联邦调查局公开维诺那档案,这一建议得到了批准。

在整个过程中,布伦特与莫伊尼汉建立了友谊。1998年,耶鲁大学出版社出版了莫伊尼汉的《保密:美国经验》(*Secrecy*:*The American Experience*)。莫伊尼汉在书中写道,美国的所谓"'保密制度'系统地剥夺了美国历史学家使用美国历史档案的权利。最近,我们发现自己要依靠苏联在莫斯科的档案来回答有关20世纪中叶在华盛顿发生的事情的问题"。① 莫伊尼汉证实,维诺纳计划截获的情报资料"以压倒性的证据证明了苏联间谍网在美国的活动,有姓名、时间、地点和活动"。除了为耶鲁大学出版社发声争取公众的支持外,莫伊尼汉还为布伦特引荐那些可能提供经济资助的人士。耶鲁大学1951届毕业生、保守派专栏作家暨《国家评论》杂志(*National Review*)创始人小威廉·F. 巴克利(William F. Buckley, Jr.)是这一项目早期的支持者之一,他提供的帮助被证明极为关键。布伦特表示:"他帮我筹集了一大笔钱。"巴克利最初在他的每周专栏中声援这一系列,全国各地有200家报纸联合刊载其专栏。他告诉读者:"如果你是一个有影响的人,那么就请利用你的影响力来为耶鲁大学出版社出版的共产主义编年史系列图书募集资金,接收人为执行主编乔纳森·布伦特,康涅狄格州纽黑文圣殿街302号,邮

---

① 参见帕特里克·莫伊尼汉:《保密:美国经验》,纽黑文和伦敦:耶鲁大学出版社,1998年,页15。

政编码：06520。"①集资公告发布后立竿见影，很多人寄来了钱，有些数额较小，如马里兰州的一位妇女每年捐款 5 美元，有些数额可观，如得克萨斯州达拉斯的一个汽车经销商一次捐了 5 万美元。鉴于这些爆炸性披露的性质，大额资助主要来自许多保守派团体，这并不令人吃惊。这些团体包括约翰·M. 奥林基金会（John M. Olin Foundation）、林德和哈里·布拉德利基金会（Lynde and Harry Bradley Foundation）、威廉·H. 唐纳基金会（William H. Donner Foundation）和戴维·伍兹·肯珀纪念基金会（David Woods Kemper Memorial Foundation）等。

　　"我对比尔·巴克利感激不尽。"在谈及这位专栏作家时，巴特利这样说。2008 年 2 月 27 日，在这次采访后几个月，巴克利去世，享年 82 岁。"他是一个伟大又令人赞叹的人。有些人认为巴克利只是个理论家（ideologue），他们错了。他是一个非常忠诚、友好的朋友。有一天他给我打电话，一番长谈之后，我对他说：'巴克利先生，我们在政治上没有任何共同的看法。'他说不用担心，没关系，我们做的工作才是真正重要的。事实上，我一点也不在乎一个人的政治观点。我一直都在搜集那些写得好、讲真话的学术著作，这就是我做这些事的动力。"他说，最近他招募的作者中，有著名的自由派作家戈尔·维达尔（Gore Vidal），2003 年，其著作《创造一个国家：华盛顿、亚当斯和杰斐逊》（*Inventing a Nation：Washington，Adams，Jefferson*）出版。该书是布伦特策划的美国标志系列（Icons of America）的一部分，迄今为止已售出 12 万多册。

　　在布伦特看来，共产主义编年史系列图书的终极意义在于，"在当代史出版领域"，提升了耶鲁大学出版社的"层次"。他还以这个系列作为案例展示大学出版社的出版能力。"现在很多

①　参见小威廉·F. 巴克利：《快点阅读所有关于它的信息！》（"Read All about It!"），《国家评论》，1996 年 4 月 22 日。

人告诉我：'多亏你出版了这些书，我可以就这个主题开一门课。'大学出版社拥有公信力，此外，学术出版还有专业化的光环。这就是那个晦涩难懂的词汇——'远见'的一种体现，因为这一切不是我们凑巧碰上的。我们一直在有意识地做工作。所以我想问：谁听说过学术图书一定要有商业价值的说法？要求一个学术出版项目做到自负盈亏是自相矛盾的。所以在我看来，这意味着需要有人为之提供资金支持。1960年代，确实有大量的政府经费被投入到学术出版领域。冷战让大家热衷于提升美国竞争力，并带来了大量的公共资金，而图书馆则购买学术图书。如今图书馆达成合作，只采购一本图书便可以实现彼此共享，而现在出版一本书的成本要远高于20年前，嗯，总有人要承担成本。你不能坐享其成吧。"

事实证明，布伦特对书籍的热爱是毋庸置疑的，也是与生俱来的。他的父亲斯图尔特·布伦特（Stuart Brent）曾是美国最著名的独立书商之一，他在《七级台阶》（*The Seven Stairs*，1962）一书中描述了自己的职业生涯，这部迷人的回忆录由霍顿·米夫林出版公司出版，书名来自斯图尔特·布伦特在芝加哥开设的首家书店的店名。① 从拉什街迁至密歇根大道后，该书店更名为斯图尔特·布伦特图书公司（Stuart Brent Books），这里成为一处知名的文人聚会场所，到访的常客有索尔·贝娄（Saul Bellow）、尼尔森·阿尔格伦（Nelson Algren）以及斯特兹·特克尔（Studs Terkel）。1995年，这家书店关门。"我就是在父亲书店的地下室里长大的，地下室周围堆放着《党派评论》杂志（*Partisan Review*），楼上不断有有意思的事情发生的感觉对我影响很大，"布伦特说，"让-保罗·萨特（Jean-Paul Sartre）和西蒙娜·德·波伏娃（Simone de Beauvoir）曾到访书店，并在

---

① 参见斯图尔特·布伦特：《七级台阶》，波士顿：霍顿·米夫林出版公司，1962年。

他们的书上签名。爱灵顿公爵（Duke Ellington）①、田纳西·威廉斯、戈尔·维达尔都曾到访过书店。我不知道他们是谁，但这没什么关系，他们就在楼上，我想上楼和他们待在一起。对我来说，这就是出版。出版不只是书籍，而是一种生活。就是努力上楼去参加聚会。这些想法都是我六岁那年坐在父亲书店的地下室里萌生的。这就是出版。如果将这一切从出版中拿走，就只剩一个枯燥乏味、毫无意义的无趣世界。"

尽管共产主义编年史系列得到许多好评，但也不乏批评者。② 弗兰克·特纳告诉我："相信我，这个系列引起了很多争议。这么说吧，有很多人宁愿活在自己的幻想之中。这样一个系列并不总能受到学术界大多数人的欢迎。但是必须要有像乔纳森·布伦特或者在他之前的爱德华·崔普这样的编辑以各种方法来不断突破，最终做出有深远意义的书系。而这正是崔普和布伦特所做的工作。"

共产主义编年史系列图书并不是约翰·雷登任职期间唯一备受关注的系列丛书，也不是唯一需要大量外部资金并聘请学者团队来完成的出版项目。1991 年，在乔纳森·布伦特计划前往莫斯科的几个月之前，耶鲁大学出版社便相当隆重地宣布，该社将与美国学术团体协会（American Council of Learned Societies，ACLS）、中国国际出版集团合作出版一系列有关中国的图书，这些图书代表了西方和中国最高的学术成就，每种书均以英

---

① 爱德华·肯尼迪·艾灵顿（Edward Kennedy Ellington，1899—1974），美国著名作曲家、钢琴家、爵士乐团团长。——译者注
② 有关共产主义编年史系列的政治反响并不出乎预料，此处不再赘述。有关该系列的不同看法，参见埃里克·阿特曼（Eric Alterman）：《冷战引发的冷战？耶鲁大学出版社出版的共产主义编年史系列图书遭各方猛烈批评》（"A Cold War over the Cold War? Yale University Press's Annals of Communism Book Series Attacked from All Sides"），《国家》，1999 年 2 月 15 日；参见约翰·J. 米勒（John J. Miller）：《乔纳森·布伦特的编年史：一个人和一个伟大的出版项目》（"The Annals of Jonathan Brent: One Man and a Great Publishing Project"），《国家评论》，2006 年 5 月 22 日。

文和中文两种文字出版。中国文化与文明系列（Culture and Civilization of China）的第一部图书是《中国绘画三千年》（*Three Thousand Years of Chinese Painting*），这是一部引人注目的作品，其中收入 300 多幅彩图，以及 6 位著名中国艺术学者撰写的章节。[①] 三位中国作者分别是北京故宫博物院副院长杨新、故宫博物院研究员聂崇正、中国艺术研究院美术研究所所长郎绍君。美国作者有耶鲁大学艺术史教授班宗华（Richard M. Barnhart）、加州大学伯克利分校艺术史荣休教授高居翰（James Cahill）和芝加哥大学中国艺术史教授巫鸿。从古代太阳祭司的洞穴石刻到对二战难民的自然主义描绘，该书囊括了各种绘画艺术。

为了在 1997 年 10 月发布该系列的第一部图书，雷登前往中国并在北京人民大会堂发言。他回到美国不久后说道："这是一件盛事，许多高级官员都出席了会议。我告诉他们，我们希望这一丛书能够开创一所没有围墙的大学。了解这个民族悠久而复杂的历史是有必要的。而缺乏理解是十分危险的。"当月晚些时候，中国国家主席江泽民访问华盛顿时带了不少该书英文版的样书，并作为礼物送给比尔·克林顿总统、艾尔·戈尔副总统及几位国会领导人。该系列丛书此后出版的图书有：《中国古代建筑》（*Chinese Architecture*，2002）、《中国古典哲学概念范畴要论》（*Key Concepts in Chinese Philosophy*，2002）、《平衡话语》（*Balanced Discourses*，2002）、《中国文明的形成》（*The Formation of Chinese Civilization: An Archaeological Perspective*，2005）、《中国古代雕塑》（*Chinese Sculpture*，2006）。其中，仅第

---

① 参见比尔·斯洛克姆（Bill Slocum）：《最古老的中国文化以巨著形式出版》（"China, the Oldest Culture. In Mega-Tomes"），《纽约时报》，1998 年 1 月 4 日；参见斯哥特·海勒（Scott Heller）：《耶鲁启动有关中国文化的大型出版工程：来自美国和中国的学者们将合作出版 75 卷系列图书》（"Yale Press Starts Mammoth Book Project on Chinese Culture: Scholars from U. S. and China Will Collaborate on 75 Volumes"），《高等教育纪事》，1997 年 11 月 14 日。

一本书就需要筹措 50 多万美元的资金，太平洋两岸几十位合作者参与其中，花费 6 年时间才得以出版。该丛书最初计划在 25 年内出版 75 种图书，之后丛书的目标被适度降低。尽管如此，伴随着耶鲁大学出版社 2008 年百年纪念日的到来，三本分别有关中国书法、陶瓷和纺织的新书正在编辑出版中。

回顾过去多年执掌耶鲁大学出版社的经历，雷登说，他无法从中挑选出一本能让他获得最大的满足感的书，他选择回顾在耶鲁大学出版社工作的经历，而不是聚焦于某一种图书。"那些记忆犹新的事情都与图书出版的过程有关，而不是图书本身，"他说，"如果有一件事能将它们联系在一起，那就是成长。成长和变化是一个常数，成长和适应的痛苦如影相随。我们出版的图书越来越多，每一年的出版种数几乎都在增长。"在不断扩大出版规模的过程中，他又补充道："我们在工作中学到了很多。学习如何出版教科书，如何出版工具书，如何成为更好的平装书出版者，如何出版电子图书，如何出版大众图书。同时我们还在试图弄清楚如何继续为日渐衰落的图书馆市场出版图书。"

雷登担任耶鲁大学出版社社长时面临的最大和最意外的挑战就是 1984 年秋的那场大罢工。当时耶鲁大学 2600 名文职和技术人员进行了一场为期 10 周的罢工，这一罢工事件影响到了耶鲁大学的所有部门。雷登说："我们约有一半的员工参与了罢工，其余的人，包括编辑、营销人员、设计师、管理人员等在内，继续从事着另一半人的工作。除了做好组稿、制作和销售图书等自己的日常工作外，他们还要填写订单、发货、打包乃至铲雪等。就像出版速成课一样。非常辛苦。而且这让我们付出了很大的代价，尽管没人能算出准确的数字，但我们在组稿和销售方面或许有 100 万美元的损失。这个数字很接近真实的损失，但我们还是熬过来了。1985 年秋季出版的书——当年奇迹般签约、编辑、出版的书，是我们出版的最好的一批书之一，而且大获成功。"

随着耶鲁大学出版社的不断发展，圣殿街 302 号的办公室变得人满为患，员工们不得不分散在耶鲁校园的各处临时场所，办公成本高，效率低。这个问题在 1992 年埃文斯翼楼（Evans Wing）建成后得以解决。新大楼以主要捐助者、耶鲁 1964 届毕业生爱德华·P. 埃文斯（Edward P. Evans）的名字命名。埃文斯在筹款活动中捐赠 100 万美元，随后又追加 25 万美元挑战基金（challenge grant）①，才完成了大楼的建造。此外，轴匙社团所属组织金斯利信托协会捐赠 12.5 万美元，该基金会早在 60 年前就资助过耶鲁莎士比亚系列。这栋建筑由设计师塞萨尔·佩里（Cesar Pelli）②设计，增加面积 1.4 万平方英尺，把耶鲁大学出版社的办公面积扩大了一倍。

2001 年，耶鲁大学出版社、哈佛大学出版社和麻省理工学院出版社联合成立一家合资企业，旨在合作发行三家出版社的图书，这也让耶鲁大学出版社得以顺利进入竞争激烈的商业出版领域。"为了赢得商业出版和平装书出版的成功，有必要采取一系列措施来应对多变、不稳定的市场需求，如冒风险，预付资金，及时推进图书出版进程，快速、准确地发货并完成订单。"雷登回忆道。从公司成立伊始，约翰·罗林斯就负责耶鲁大学出版社在合资公司的业务，他和来自麻省理工学院出版社的同行一起管理着这家名为"三字母"（TriLiteral）的有限责任公司，并在罗德岛坎伯兰郡建立了一个面积达 15.5 万平方英尺的配送中心。罗林斯告诉我："我们出现了仓储不足的问题，同时麻省理工学院出版社和哈佛大学出版社也面临着同样的成长问题，因此，我们决定开展合作。若联合起来，我们就能实现一种更大规模、更为现代、技术更加先进的运营模式。"三字母公司建立

①　挑战补助金指非营利机构或教育机构在完成挑战要求后可获得的资金。——译者注
②　阿根廷著名建筑师，曾设计吉隆坡双子塔、纽约世界金融中心、伦敦金丝雀大厦，曾任耶鲁大学建筑学院院长。——译者注

后，承担由一个中心位置管理三家大学出版社出版的所有图书和期刊——共有 1.5 万种在售的图书或期刊——的任务。截至 2002 年 5 月，三家大学出版社的图书目录都已储存在一个数据库中，鉴于几家出版社有很多共同的顾客，这是一项有利的措施。三字母公司平均每天能够完成 3000 个订单的配送任务，这相当于配送 2.6 多万册图书或期刊。新建的书库能容纳 760 万册图书。罗林斯强调耶鲁大学出版社的知识产权产品的营销已经发生了深刻的变化，他指出，在 2003 年到 2007 的 5 个财年中，在线零售额增长了 270% 以上。

就像他的前任切斯特·科尔一样，雷登也表达了对出版委员会委员由衷的感谢，他特别提到了一些委员的名字。他说，在他执掌耶鲁大学出版社的 20 年里，对他来说，他们有着"不可估量的价值"。这些委员有：阿希尔·阿马（Akhil Amar）、玛丽·波罗夫（Marie Borroff）、拉尔夫·S. 布朗（Ralph S. Brown）、吉多·卡拉布雷西（Guido Calabresi）、唐纳德·J. 科恩（Donald J. Cohen）、凯·埃里克森（Kai Erikson）、艾伦·E. 卡兹丁（Alan E. Kazdin）、雅罗斯拉夫·帕利坎、阿尔罗·F. 理查德（Alroes F. Richard）、詹姆斯·C. 斯科特（James C. Scott）、阿尔伯特·J. 索尔尼特（Albert J. Solnit）、弗兰克·M. 特纳（Frank M. Turner），以及哈里·H. 惠灵顿（Harry H. Wellington）。他还对那些任职期间曾供职于理事会的出版专业人士表示感谢，他们是：乔治·布罗克韦（George Brockway）、托马斯·H. 金兹伯格（Thomas H. Guinzburg）、劳伦斯·休斯（Lawrence Hughes）、唐纳德·S. 兰姆（Donald S. Lamm）、蒂姆·里克斯（Tim Rix）、杰克·舒尔曼（Jack Schulman）、安东尼·M. 舒尔特（Anthony M. Schulte）、摩根·K. 史密斯（Morgan K. Smith）和彼得·沃克曼（Peter Workman）。

2002 年 3 月，雷登宣布不再担任耶鲁大学出版社社长并退休，当时，耶鲁大学校长理查德·雷文在致全体员工的信中称赞雷登的工作,特别提及了过去 23 年中他取得的成就。"这一时期,耶鲁大学出版社出版了 4000 多种图书,该社成立 94 年来,约三分之二的图书是在这一时期出版的。耶鲁大学出版的图书赢得 500 多个奖项,其中有普利策奖、班克罗夫特奖(Bancroft prize)[①]、米切尔艺术奖(Mitchell prizes in art)、菲·贝塔·卡帕的克里斯蒂安·高斯奖(Christian Gauss award of Phi Beta Kappa)和拉尔夫·沃尔多·爱默生奖(Ralph Waldo Emerson award)。"[②]要从已出版的所有图书中挑选出一些单独讨论是很困难的,雷文也没有这么做,他强调了雷登任职期间在各个方面所取得的卓越成就,这一切都是在一楼拐角他的那间办公室里实现的:

> 多年来,耶鲁大学出版社已经发展出与其核心使命互有重叠并相辅相成的四大图书系列:艺术类图书、商业图书、工具书、教科书或教育类图书。耶鲁大学出版社出版了许多极具想象力和影响力的学术著作,包括人物传记,历史书,年鉴,工具书,关注"国际热点问题"的图书,政治家和艺术家著作,参考图书,百科全书,指南类图书,手册,用阿拉伯语、约鲁巴语[③]等 30 种古代、现代或外国语言出版的各类教学资料,多媒体程序,计算机交互式学习资料,以及 90 多个系列。这些还只是笼统的分类。在雷登执掌耶鲁大学出版社期间,这几大系列图书的持续增长,使图书出版数量得以增长,反过来又为整个出版计划的扩大提供了资金,使耶鲁大学出版社每年出版的专著和授权出版的图书数量增

---

① 美国史学界颁发的最高奖项,由美国历史协会和哥伦比亚大学历史系评选,每年颁奖一次。——译者注

② 2002 年 3 月 28 日耶鲁大学校长理查德·雷文致耶鲁大学出版社全体员工的信,来自出版社办公档案。

③ 尼日利亚、贝宁、多哥等西非国家使用的一种方言。——译者注

加了一倍以上。

换言之，雷文的话其实是在说，约翰·雷登的所为，不仅让耶鲁大学出版社做到了一家学术出版社应该做的一切，还锦上添花取得了更多的成就。在这一过程中，依靠"丰富图书品种"这一策略，他得以守住实现收支平衡的底线，在出版社步入第二个百年之际，这一策略依然贯穿在出版社的各种出版活动中。

第四章　出版转型时期

对于会被图书的庄严所打动的人来说,漫步于耶鲁大学出版社总部的乔治·帕姆利·戴纪念厅是一次令人感到谦卑的体验。耶鲁大学出版社总部所在的圣殿街 302 号建筑十分典雅,它原是著名建筑师伊赛尔·唐恩(Ithiel Town)在 1840 年为一位纽黑文商人设计的一处住所。1890 年,该建筑被绿地联合教堂收购,用作教区礼堂。此后不久,在该建筑后面又修建了一个长方形的、宽敞的礼拜堂,内有大教堂常见的拱形穹顶。当耶鲁大学出版社于 1973 年搬入这里时,将编辑办公室设在该建筑两层沿着外墙的众多开放的凹室中,每个隔间都陈列着一个木制书架,旨在向人们展示耶鲁大学出版社一个世纪以来的学术成就,按出版时间依次陈列着 8000 多种图书。

这些陈列的图书并未以作者或主题分类,因此,全景式地展现了百余年来耶鲁大学出版社业务之广阔和丰富。在书架间随意浏览翻看图书的参观者可能会在一个角落发现以下这些书被放在了一起:L. V. 伯克纳(L. V. Berkner)的《科学时代:科学对社会的影响》(*The Scientific Age*:*The Impact of Science on Society*)、法林顿·丹尼尔斯(Farrington Daniels)的《直接利用太阳能》(*Direct Use of the Sun's Energy*)、约翰·德范克(John DeFrancis)的《初级汉语读本》(*Character Text for Beginning Chinese*)、威廉·A. 克勒布施(William A. Clebsch)的《英格兰最早的新教徒:1520—1535 年》(*England's Earliest*

Protestants，*1520 – 1535*）、伦纳德 • W. 拉巴雷（Leonard W. Labaree）编辑的《本杰明 • 富兰克林自传》（*The Autobiography of Benjamin Franklin*）、杰弗里 • H. 哈特曼（Geoffrey H. Hartman）的《华兹华斯的诗歌：1784—1814》（*Wordsworth's Poetry，1787 – 1814*）、杰拉德 • 坎农 • 希基（Gerald Cannon Hickey）的《越南乡村》（*Village in Vietnam*）、理查德 • 亨特（Richard N. Hunt）的《德国社会民主党：1918—1933》（*German Social Democracy，1918 – 1933*）、唐纳德 • J. 奥尔森（Donald J. Olsen）的《伦敦城市规划：18 和 19 世纪》（*Town Planning in London：The Eighteenth and Nineteenth Centuries*），以及亨利 • 奎斯特勒（Henry Quastler）的《生物组织的出现》（*The Emergence of Biological Organization*）。这些书唯一的相同之处是，每本书的版权页上都印着同一家出版机构的标识，并且都出版于同一年份。上述这些书都出版于 1964 年。在耶鲁大学出版社的历史上，每年的出版产出都呈现类似的情况。

就是在这个庄重的大厅里，出版委员会定期召开会议，讨论各种选题以及审读中的各类书稿，思考出版社自身的发展方向和不断发展和变化的使命。在典型的出版委员会会议上，大厅中间的条形会议桌上摆放着新近出版的书籍，这一手法极富戏剧性，它以非常直观的方式强调了具有最高学术水准的学术出版的最终成果。对一个像我这样看完了百年间所有会议记录的外部人员而言，亲身参加几场会议，亲眼看他们制定各种策略的过程，真是大开眼界。我对被用来称呼处于不同制作阶段的图书的名词也有了更清楚的认识。比如说，出版计划（proposal）在第一次会议讨论中极少能完全通过。进入这一阶段的大多数选题或计划都已经过初步审核，而且出版社的编辑也拥护其优点。因此选题极少遭到简单的否决，不过委员们会有热烈的讨论，但会议讨论后，一些选题会获得"支持"，还有一些选题则会获得"大力支持"。而对书稿的讨论，出版委员会成员需要事先阅读由社外审稿者提交的审读报告，也就是紧张的"同行评审"阶段。之后，一些书稿也许会被要求做进一步修改，另外一些书稿则被爽快地接受出版。偶尔也会有书稿被暂时通过，"以等待对该书稿进一步的审读报告以及作者做出的恰当回应"。出版委员会通常会在这些会上审议数十个正在进行的图书选题，尽管他们常常还要在会上讨论其他事项。在 2006 年 11 月和 12 月我参加的两次出版委员会会议上，委员们讨论了学术出版的概念，对美国所有的大学出版社而言，这都是一个十分迫切的问题。

正如我在第二章提到的那样，出版社使命宣言是大学出版社的一件大事，出版社的使命会随着时代和条件的变化而需要不断调整。2003 年，约翰·E. 唐纳蒂契（John E. Donatich）接替约翰·雷登，出任耶鲁大学出版社社长。他致力于推动耶鲁社走创新之路，并为 21 世纪的耶鲁大学出版社开发富有活力的出版项目。基于这些设想，他曾要求出版委员会成员考虑制定"一套有关优秀学术著作的标准"，并在 2006 年 12 月的会议上进行讨论。约翰·唐纳蒂契要求委员们着重思考过去十年来学术出版面临的"危机"。为了解背景，他建议委员们阅读约翰斯·霍普金斯大学历史系教授戴维·A. 贝尔（David A. Bell）几个月前发表在《新共和》（*New Republic*）杂志上的一篇相关文章，文章题为《未来纸质书的消失：网络对学术的影响》（"The Bookless Future：What the Internet Is Doing to Scholarship"）。[1] 唐纳蒂契首先建议出版委员会启动一场持续性的讨论，或许这会开启一种"新的图书定义方法"，讨论主要聚焦于思考如何准确定义"专著"的概念，还要设法找出可以确定一部专著是否优秀的标准，即何时可以说一部专著已经达到了优秀著

---

① 参见大卫·A. 贝尔（David A. Bell）:《未来纸质书的消失：网络对学术的影响》,《新共和》, 2005 年 5 月 2 日, 页 27。

作的水准,成为"学术瑰宝"。

关于一般学术专著和学术瑰宝二者之间的不同,尤其是何为学术专著的问题,整个学术出版界有着各种不同的定义。我特别喜欢的一个定义是耶鲁大学英语斯特林讲席教授、2004年以来一直担任出版委员会主席的大卫·布罗姆维奇(David Bromwich)提出来的。一次会议上,他诙谐地对同事们说:"所谓专著就是卖不出多少的学术著作;当它卖得出去且卖得足够多时,就成了学术瑰宝。"当我向布罗姆维奇请教他最喜欢的案例时,他提到了路易斯·马尔茨(Louis Martz)的《冥想诗》(*Poetry of Meditation*,1954),这本书起初被认为是一项高度专业化的研究成果,人们的兴趣显然不大,"但是这本书历经几代人,吸引了不少读者",时至今日,魅力依旧。耶鲁出版的图书中,可以被喻为学术瑰宝的、最富有戏剧性的例子或许是大卫·里斯曼的《孤独的人群》,首次出版时,人们对它的销量期待很低,但面世60年来,这本书一直是耶鲁大学出版社存书目录上的重点书。至于为何要在同事间展开讨论,唐纳蒂契认为这有助于分析学术专著和学术瑰宝可能共有的特征(如原创性的基础研究、学科进展、严谨的方法论、精细的概念化、复合论证和实质性的学术手段),以及从哪些特征上来区分二者。尽管学术专著总是以可靠、专业并服务于同行群体和专家而著称,但学术瑰宝,他指出,有时是一种推测或冒险,满足同行学者的需求之外,也追求满足更多受过教育的读者群体的需求。多年来耶鲁大学出版社达到这两个标准的图书有:约瑟夫·阿尔伯斯(Josef Albers)的《色彩的相互作用》(*Interaction of Color*)、曼库尔·奥尔森(Mancur Olson)的《国家的兴衰》(*The Rise and Decline of Nations*)、埃蒙·达菲(Eamon Duffy)的《祭坛的拆卸》(*The Stripping of the Altars*)和乔纳森·D. 萨纳(Jonathan D. Sarna)的《美国犹太教史》(*American Judaism:A History*)。

在2006年12月11日的会议上,委员会讨论了多种思路。

其中一个与会成员表示，作者的博士学位论文和他的第一本书之间常常存在着"概念上的巨大飞跃"，因为"要写出伟大的著作，需要不断提高写作技巧"，所以中老年群体通常"最适合"写作学术著作。另一位与会成员则承认，"有必要谨慎对待那些从学位论文到第一本著作之间实现跨越式进步的作者"，但他也强调，"对出版社而言，出版作者的第一本著作"非常重要，"出版社的业务不应只限于出版图书，也需要推出更多的作者"，特别是那些刚刚崭露头角的作者。然而另一位与会成员问道，是否有相关数据表明，作者提交的书稿最终有多少得以成功出版？唐纳蒂契回答说，只有不到2%的书稿有机会被出版委员会审核。他笑称，耶鲁大学本科新生的录取率甚至都能达到9%。乔纳森·布伦特提出以下观点："对出版社而言重要的是，一本书出版后对谁最有价值。"他举了一部"优秀书稿"的案例，当时他正在审读这部有关东欧音乐的书稿。他说："出版社只要出版这类书，就会亏损，因此编辑们必须要决定哪些书稿是最好的，谁需要这些书。"

后来唐纳蒂契为本书多次接受我的采访，在其中一次采访中，他提到这个问题非常关键，在某种程度上，提供了一个途径，让他能得到他希望看到的、未来几年出版社将要出版的那类作品。他告诉我，他计划实现这一切的方法之一是重新确立耶鲁大学出版社优先发展的方向，不忘"我们是一家具有多重功能的大学出版社"的现实，耶鲁大学出版社首先是一家学术出版社，完全基于图书的学术价值而不是销售潜力来做出出版决定。唐纳蒂契强调，耶鲁大学出版社每年出版的图书中，这类书占了绝大多数。但耶鲁大学出版社也是一家大众图书出版社，图书的销售潜力是决策过程中一个非常重要的因素。他说："这很明确。如果是一本大众图书，那么出版它的唯一理由就是它是一部出色的书稿，会受到各界读者的广泛欢迎。有些书只能卖300册到500册，这意味着这些书一定要得到我们的捐赠经费或其他资金的支持。我们这样做是因为我们要恪守使命。那也是我们的承诺。"

唐纳蒂契说,随着图书销量的下降,越来越多的学生和研究人员开始依赖电子媒体,在这种不断变化的环境影响下,耶鲁大学出版社就大学出版社角色的变化进行了大量的反思。他说:"现在我们需要考虑的一个关键问题是,什么样的内容值得以图书的形式出版? 我认为,电子替代品在图书行业中起到的作用是提高了精装本内容的标准。然后,你会问:'成就一部好书的因素有哪些?'有许多因素需要考虑,但不仅仅是市场问题。书稿有没有流畅的叙事驱动力? 作者是否为了一个基本理论而提出并结合几个复杂的论点? 研究的激情——字里行间涌动的发自肺腑的激情与形式上的创新是否匹配? 或者说,如果一位资深学者同时探讨 15 种不同的理论和经验观点,然后以一种非常巧妙的方式将它们结合在一起,被结合的各个部分完全相互依存,这样的研究值得出版成书。而针对某一特定学科进行的增量研究并不需要出版成书,像这样的东西可以以期刊文章的形式发表。

1982 年,唐纳蒂契以优等生身份(summa cum ladue)从纽约大学毕业,并获得硕士学位。到耶鲁大学出版社工作前他任职于巴西克图书公司(Basic Books)。巴西克是一家以出版非虚构类图书而闻名的商业图书出版公司,其出版的图书具有双重特点,既有学术性又被大众读者所接受。他作为出版人和副社长在巴西克图书公司工作了七年。从 1992 年到 1996 年,唐纳蒂契在哈珀·柯林斯图书公司担任过多个职位,包括副总裁、产品和市场开发总监。此前,他在普特南出版集团(Putnam Publishing Group)也担任过类似职位。他有多种著述,包括在《大西洋月刊》、《哈泼斯杂志》(Harper's)、《国家》以及《村声》(Village Voice)等众多报刊上发表的文章。除此之外,他还写了一本有关初为人父时的深入思考——《矛盾心态,一个爱情故事：婚姻的写照》（*Ambivalence*，*a Love Story*：*Portrait of a Marriage*），该书 2005 年出版。

为了庆祝 2008 年耶鲁大学出版社成立百年，唐纳蒂契将主持一场学术会议，会议由惠特尼人文中心（Whitney Center for the Humanities）和贝内克图书馆联合主办，主题为"图书为何重要"。会议期间，来自全国各地的出版商、学者和作家将聚集一堂，围绕他所提出的"信息时代的反常案例"展开讨论。"与直觉相反，这个获取研究和数据的机会无处不在的信息时代反而彰显了图书的重要性，由此延伸，也彰显了出版社的重要性。在选稿、策划、编辑、装帧设计以及发行等整个出版流程中，出版社作为文化把关人，制定了优秀图书的把关标准，而这正是现在比过去任何时候都更需要的。"

唐纳蒂契担任社长的第一个五年中（2007 年他签约了第二个五年任期合同），耶鲁大学出版社平均每年出版图书 320 种，其中 200 种为精装本，其余为平装本。从各季度的书目可以看出，耶鲁大学出版社出版的大部分是学术图书。尽管面向市场的大众图书数量很少，但这些书的市场表现还是让公司实现了其自定的学术图书的出版目标。近年的几个数据很有参考价值。2002—2007 年间，耶鲁大学出版社出版了三种大众图书销量均超过 10 万册。这三种书分别是埃德蒙·摩根的《富兰克林评传》（2002）、戈尔·维达尔的《创造一个国家：华盛顿、亚当斯、杰斐逊》（2003）、恩斯特·H. 贡布里希的《世界小史》（2005）。近三年的销售详情如下所述。

2005 年，约翰·C. 博格尔（John C. Bogle）的《资本主义灵魂之战》（*The Battle for the Soul of Capitalism*）精装本售出 1.5 万册，次年发行的平装本售出 1 万册。销量达到万册及以上的图书还有：约翰·M. 马兹鲁夫（John M. Marzluff）和托尼·安吉尔（Tony Angell）合著的《相伴乌鸦与渡鸦》（*In the Company of Crows and Ravens*）、伯特·芬土奇和大卫·H. 沃特

斯共同编辑的《新英格兰百科全书》、汤姆·刘易斯（Tom Lewis）的《哈得逊河历史》(*The Hudson：A History*)、哈罗德·柯达（Harold Koda）和安德鲁·博尔顿（Andrew Bolton）共同编辑的《香奈儿》(*Chanel*)。此外，阿尔文·柯南（Alvin Kernan）撰写的《未知的中途岛之战：美国鱼雷中队的毁灭》(*The Unknown Battle of Midway：The Destruction of the American Torpedo Squadrons*)已售出 5000 多册。

2006 年，耶鲁大学出版社五本书创下的销量对任何一家大众出版社来说都十分可观。销售名列前茅的有丹尼尔·C. 埃斯蒂（Daniel C. Esty）和安德鲁·温斯顿（Andrew Winsten）合著的《点绿成金：精明公司如何利用环境策略创新、创造价值和增强竞争优势》(*Green to Gold：How Smart Companies Use Environmental Strategy to Innovate，Create Value，and Build Competitive Advantage*)，该书精装本售出 4 万册。此外，弗兰西斯·福山（Francis Fukuyama）撰写的《美国处在十字路口：民主、权力与新保守主义的遗产》(*America at the Crossroads：Democracy，Power，and the Neoconservative Legacy*)售出 3 万册。销量达到 2 万册的其他图书还有：阿德里安·戈兹沃西（Adrian Goldsworthy）的《恺撒：巨人的一生》(*Caesar：Life of a Colossus*)、伊凡·布鲁内蒂（Ivan Brunetti）编辑的《图像小说、漫画与真实故事选集》(*An Anthology of Graphic Fiction，Cartoons，and True Stories*)，以及弗莱德·R. 夏皮罗（Fred R. Shapiro）的《耶鲁语录》(*The Yale Book of Quotations*)。另外两本书超过了万册的销量瓶颈，分别是哈维·C. 曼斯菲尔德（Harvey C. Mansfield）的《男子气概》(*Manliness*)以及托德·海尼特（Todd Hignite）的《在工作室：探访当代漫画家》(*In the Studio：Visits with Contemporary Cartoonists*)。其他跻身年度畅销书榜单的还有 J. H. 埃利奥特（J. H. Elliott）的《大西洋世界的帝国：不列颠和西班牙在美洲》(*Empires of the Atlantic World：Britain and Spain in America，1492 - 1830*），此书售出 5000 册。

2007 年，阿里·A. 阿拉维（Ali A. Allawi）撰写的《占领伊拉克：赢得战争，失去和平》（*The Occupation of Iraq：Winning the War，Losing the Peace*）售出 2 万册，是耶鲁大学出版社的年度销量冠军。紧随其后的七种书，每种销量都在万册或万册以上：珍妮特·马尔科姆（Janet Malcolm）的《两个生命：格特鲁德和爱丽丝》（*Two Lives：Gertrude and Alice*），A. D. 纳托尔（A. D. Nuttall）的《思想家莎士比亚》（*Shakespeare the Thinker*），纳扬·昌达（Nayan Chanda）的《绑在一起：商人、传教士、冒险家、武士如何造就全球化》（*Bound Together：How Traders，Preachers，Adventurers，and Warriors Shaped Globalization*），蒂姆·吉尔（Tim Jeal）的《斯坦利：非洲最伟大探险家令人难以置信的生活》（*Stanley：The Impossible Life of Africa's Greatest Explorer*），哈罗德·布鲁姆（Harold Bloom）的《堕落天使》（*Fallen Angels*），《最后的人类：22 种灭绝人类的指南》〔这部作品由 G. J. 索耶（G. J. Sawyer）和维克托·迪克（Viktor Deak）共同创作，收录 G. J. 索耶、埃斯特万·萨尔门托（Esteban Sarmiento）和理查德·米尔纳（Richard Milner）撰写的文本，唐纳德·C. 约翰逊（Donald C. Johanson）、米薇·利克（Meave Leak）和伊恩·塔特索尔（Ian Tattersall）亦有贡献〕和大卫·爱登堡（David Attenborough）、苏珊·欧文斯（Susan Owens）、马丁·克莱顿（Martin Clayton）和雷亚·亚历山德拉托斯（Rea Alexandratos）共同撰写的《自然之美：大发现时代的博物艺术》（*Amazing Rare Things：The Art of Natural History in the Age of Discovery*）。

在此期间，耶鲁大学出版社的三本书获得了班克罗夫特奖，该奖项是哥伦比亚大学颁发的年度非虚构类杰出作品奖。获奖的三本书分别是艾伦·加莱（Alan Gallay）的《印度奴隶贸易：

1670—1717 年英帝国在美国南部的崛起》(*The Indian Slave Trade：The Rise of the English Empire in the American South，1670－1717*，2002)、乔治 • M. 马斯登(George M. Marsden)的《乔纳森 • 爱德华兹传》(*Jonathan Edwards：A Life*，2003)、厄斯金 • 克拉克(Erskine Clarke)的《居住地：种植园史诗》(*Dwelling Place：A Plantation Epic*，2005)。2007年,J. H. 埃利奥特的《大西洋世界的帝国》一书荣获美国历史学会颁发的弗朗西斯 • 帕克曼奖(Francis Parkman Award)。

　　面对时代和阅读习惯的改变,耶鲁大学出版社的员工一直在以最近在大众出版领域的几次尝试作为范例,积极寻找那些读者几次就能轻松读完的图书,以充实其书目。前提很简单:"我们有充分的理由相信,围绕自己所喜爱的主题为一个知名的图书系列写一本篇幅不长的书,这一机会对许多作家,特别是那些希望通过简要的论述来施加影响力的公共知识分子而言,将极具吸引力。"唐纳蒂契在他的一份计划纲要中写道,"这些书的篇幅将控制在 4 万至 4.5 万词以内,并以较小的开本出版。"在这方面,耶鲁大学出版社最新的一次尝试——戈尔 • 维达尔的《创造一个国家》就是这类作品的一个原型。该书版权由乔纳森 • 布伦特取得,是被其命名为美国标志系列的第一部作品,该书在唐纳蒂契就任出版社社长的第一年出版。2008 年,这个系列的另外两本书出版,一种是《纽约杂志》(*New York Magazine*)在线美食栏目编辑乔什 • 奥泽斯基(Josh Ozersky)撰写的一本有关汉堡的社会史著作,另一本是历史学家史蒂夫 • 弗雷泽(Steve Fraser)撰写的《华尔街:美国的梦想宫殿》(*Wall Street：America's Dream Palace*),此前他出版的著作还有《每个人都是投机者:美国生活中的华尔街历史》(*Every Man a Speculator：A History of Wall Street in American Life*)。为推出一个名为"为何重要"(Why X Matters)的概念系列——其设想是为有趣的主题都匹配上有趣的作者——耶鲁大学出版

社邀请伊丽莎白·扬-布鲁尔（Elisabeth Young-Bruehl）撰写
《阿伦特为何重要》（*Why Arendt Matters*）。1982 年，扬-布鲁尔曾为耶鲁社撰写过阿伦特传记《爱这个世界：汉娜·阿伦特传》。2006 年，《阿伦特为何重要》一书出版，被美国大学出版社协会评选为当年"大学出版社最佳图书"。唐纳蒂契写道："理想情况下，这些书会因为将甲主题分配给在该领域重要的乙作者而产生化学反应。"该系列还将出版杰恩·帕里尼（Jay Parini）的《诗歌为何重要》（*Why Poetry Matters*，2008）、诺贝尔奖获得者沃莱·索因卡（Wole Soyinka）的《非洲为何重要》（*Why Africa Matters*）、《纽约客》专栏作家保罗·戈德伯格（Paul Goldberger）的《建筑为何重要》（*Why Architecture Matters*），以及伊迪丝·格罗斯曼（Edith Grossman）的《翻译为何重要》（*Why Translation Matters*）。

今天，质量上乘、有一定商业价值的图书——但是所获利润可能无法满足一家大型商业出版社的盈利期望——成了对经济收益期望相对较低的出版社的常见选择。2005 年，我在耶鲁大学研究生教师俱乐部与约翰·霍兰德共进午餐并长谈时聊到了这个话题。约翰·霍兰德是一位评论家、编辑、翻译家，同时也是耶鲁大学英语斯特林讲席教授、麦克阿瑟研究奖获得者，他还是一位诗人，其首部诗集《荆棘丛生》（*A Crackling of Thorns*）于 1958 年被 W. H. 奥登评选为耶鲁青年诗人系列获奖作品。我们谈话的主要主题当然是诗歌，但也聊到了如今诗歌出版渠道寥寥无几，而耶鲁大学在为新一代诗人提供了一个表达的平台方面做出了表率。

"由此可以引出一个愈发有趣的问题，即为何过去可以作为商业图书出版的作品现在只能由非营利的出版社来出版。"霍兰德说，他的观点基于他自己的出版经历，过去的半个世纪里，他以各种方式在商业出版社或学术出版社出版了 17 种图书。"有一些典型的案例表明，过去一些高水准的商业图书现在变成了大学出版社出版的中等规模的商业读物。我认为大学出版社可以而且应该出版商业出版社不再出版的好书。我们应该记住，1950年代到1960年代，文学领域的各类图书全部由商业图书公司出版，后来，此类书开始由大学出版社出版。我完全相信，过去许多出色的商业图书现在得由非营利的出版社来出版了。过去商业出版机构还能接受仅获取薄利，但是现在它们已经被各种外国出版集团收购，不再对这些赢利不多的边缘性图书感兴趣。如果一家大学出版社能够实现盈利或者保本，那么它就是在做它应该做的事。倘若一本书的精装本能售出4000册，对大学出版社来说已经算是高销量了。你告诉我耶鲁大学出版社去年实现了盈利，我真的很高兴。如果出版社实现了盈利，那非常棒，但其不能以盈利为目的。如果出版社实现了盈利，那么它就能做一些很棒的事情。盈利的价值就在于可以做其他的事情。用盈利来补贴亏损，以此来保持收支平衡。"

　　出版委员会主席大卫·布罗姆维奇在接受我的采访时明确表达了他对大学出版社在21世纪所扮演的角色的看法。"我认为它应该被视为支撑知识生活的出版支柱，"他说，"所以我希望维持严肃学术出版社这样的状态。耶鲁大学出版社在业界有一席之地，有好的声誉，其出版的作品为人所知，我认为这也很重要。现在，耶鲁大学出版社出版的图书颇受《纽约时报》以及其他媒体的关注。另一方面，耶鲁大学出版社并非一家营利性机构。"他说过，他承认耶鲁大学出版社在经营中是盈利的，而这是"一种难以把握的平衡"。同样，他还强调，耶鲁大学出版社商业出版部门组稿的图书，在任何方面都不应被视为"内容质量低劣"的图书。据我所知，我们从未出版过一本大家认为是垃圾或者在相关领域研究不足的图书，但是我们出版了广受大众喜爱的图书，其中有一些书还是以出版委员会委员们自己也不会选择的方式来撰写的。偶尔我们会出版这类书，但另一方面，我们也出版那些大量使用某一领域专业术语的图书，如社会学或经济学等特定专业领域的图书。我们的编辑都尽力想办法，将那种专业性的语言调整为读者容易理解的形式。但是我认为这仍然是个问题。"

语言表达十分生动的布罗姆维奇就一类既不是纯粹的学术图书，也不是完全的商业图书的作品表达了自己的想法。"我认为这类书介于畅销书和非畅销书之间。"他说。他没有提到某本具体的书，而是对这一类型进行了大致描述："这些书在学术上足够优秀，拥有一定的读者，卖得相当好。我是说它们的销量要好于大多数学术图书。这就是所谓的中间类别的图书。"但他坚称，不管人们对讨论的两方观点有何看法，大学出版社的使命仍然相当明确。"坦白地说，我认为双方的期望都不对。从学者的视角来看，有一种观点认为，大学出版社应当只出版我们——学者们——的研究成果；而从大学出版社的视角出发，则认为，公众一直在抵制当前的学术话语形式，因此我们不得不改进这一表达形式。不幸的是，现有的体系就是过度专业、晦涩难懂的。他们要去哪里找作者？到头来，他们还是要找学者。学者们在哪里？他们在大学里。"布罗姆维奇认为，"必要的时候踩刹车是明智的，希望在未来能够出版更好的商业图书。"但他也补充道，他认为目前的平衡"大体妥当"，但需要注意的是，"我不认为我们一定要竭尽全力赚钱，以满足读者为第一要务。我认为耶鲁大学出版社对其使命的表述十分明确，使命宣言提到倡导自由探究，呈现各领域最值得学习、与学校课程有一定联系的内容的理念。这是我们必须始终牢记的"。

唐纳蒂契对我说，尽管他认为不应该强制要求大学出版社完全服务于所属大学的课程，但它确实有义务以图书来"反映大学学术项目的优势"，也有义务吸收和利用关键的、有影响力的教师的专长，这在历史和艺术研究领域都有典型案例。关于大学出版社是否应将出版博士论文作为其职责，唐纳蒂契表示，他赞成就事论事的评估方式。"这取决于博士论文的质量、研究范围、研究的成熟度以及前景。我认为，当一篇博士论文显露出一位刚开启学术事业的学者的发展前景时，出版社应该参与进去。不必担心它只能卖出 300 册或者 400 册，因为出版社还有其他的书，它们能够弥补这部分亏损，能让你有办法出版这样的作品。除了对质量的极度重视之外，我们的编辑决策过程完全不同于耶鲁大学的教师聘用或终身教职评审。"与这次谈话内容巧合的是，在 2006 年 11 月我参与的出版委员会会议上，两篇修订后的博士论文被批准在耶鲁大学出版社正式出版。

任何关于学术出版是如何发展的思考都隐含着学术本身的不断变化。"很多人关注学术研究对世界到底有多重要，然后他们会伸出援手，"唐纳蒂契说，"耶鲁大学教师就是一个完美的例证。"他以军事和海军史学家约翰·刘易斯·加迪斯（John Lewis Gaddis）为例说明。加迪斯被《纽约时报》誉为冷战史研究的"泰斗"。"耶鲁大学有很多像加迪斯一样的学者——其他一下就能想起来的还有埃德·摩根和保罗·肯尼迪（Paul Kennedy）——他们的名字经常出现在一流报纸的评论版上，大众杂志也经常会介绍他们，其观点和意见常常见诸《时事》杂志（Current Affairs）。这些都是学术走出学者小圈子的事例，这与我们试图在出版社采取的措施是一致的。我希望我们的活动和大学的活动一样丰富多彩。虽然我们大部分的工作都会涉及以研究为导向的内容，这些内容可能会成为研究生研讨的内容，但每隔一段时间也会出版一定程度上以消遣为目的的书。我认为我们出版一些轻松的图书也有其实际意义，同时我也认为我们想成为许多学者一站式的出版平台。很多学者没有过去的矛盾心态，他们既想做公共知识分子又想做一流学者。因此，学者们的思想生活有两个方面：一是乐于从事纯学术研究，二是具有公共知识分子的影响力。

史景迁是这类学者的另一个典型代表。史景迁和耶鲁大学出版社有着长达 50 年的密切联系，而他的大部分著作都是在商业出版社出版的。明确目标读者对他来说意义重大，并且对于希望在当前市场环境中维系生存的所有学术出版商来说，这也是特别需要理解的一个相关概念。"我认为出版社一直很清楚某一类读者的存在或缺失，"为撰写此书，我曾多次采访史景迁，在最开始的一次采访中他强调，"毕竟，他们确实需要让人们读他们的书，如果有可能的话，希望人们来购买这些书，也许不是按商业图书的规模来销售，但即便是非营利的机构，也必须要以某种方式来实现收支平衡。"他说，要实现这一目标，其中的一个方法就是"每年要有两到三种书，可以承担起许多销量低的学术著作的出版成本"。然而，尽管内容编排得当，史景迁又说道："学术价值仍是很难衡量的。"他还以自己的著作为例来说明。1966年，耶鲁大学出版社出版了他的第一本书《曹寅与康熙：一个皇室宠臣的生涯揭秘》，那时他开始考虑要为更广泛的读者写书，尤其当许多商业图书出版商邀请他为他们写书时，他更坚定了这种想法："我对学术作品和更广泛的大众读者之间的交流和沟通十分感兴趣。我曾经问自己，为什么学术作品一定要晦涩难懂？这可能是个错误的问题，但我自己就是这么描述学术作品的。我的想法是：与其花多年的时间去研究，然后再尝试把研究成果全部写下来，并让人们去读它，还不如让我们把一半时间用于研究，另一半时间用于写作。专注于研究与写作，让自己与世隔绝，潜心于研究与写作。然后再看谁想出版它，谁想读它。这便是我的做法，这让我走进了一个不同的世界。"

如史景迁所说，他涉足的另一个"不同的世界"，使他成为16世纪以来中国社会历史研究领域最杰出的学者之一，也让他在学术界之外备受赞誉。1969年，利特尔·布朗出版社出版了他的《改变中国：1620—1960年的西方顾问》(*To Change China: Western Advisers in China, 1620 - 1960*)。他出版的著作还有《王氏之死：大历史背后的小人物命运》(*The Death of Woman Wang*, 1978)、《天安门：知识分子与中国革命》(*The*

Gate of Heavenly Peace：*The Chinese and Their Revolution*，*1895－1980*，1981)、《利玛窦的记忆宫殿》(*The Memory Palace of Matteo Ricci*，1984)、《前朝梦忆：张岱的浮华与苍凉》(*Return to Dragon Mountain*：*Memories of a Late Ming Man*，2007)。以上这些书都由维京出版社出版。此外，诺顿出版社(W. W. Norton)出版了他的《大汗之国：西方眼中的中国》(*Chan's Great Continent*：*China in Western Minds*，1998)和《追寻现代中国》(*The Search for Modern China*，1999)两本书。诺普夫出版社出版了他的《胡若望的困惑之旅》(*The Question of Hu*，1988)。"我猜，(出版社出版)其中一些书完全出于经济效益的考虑"，但他强调了他首要坚持就是"以一种任何受过教育的人都能理解的方式来写作"。

这些经历让他对大学出版社应该努力实现的目标有了强烈的认识。他说："大学出版社应该是真正标准的守护者，也是卓越的守护者，出版真正基于学术研究的作品。我们可以对其进行加工，让专业人士可以使用它；或者赋予其更广泛的吸引力，然后介绍给感兴趣的公众。当然，两者之间存在着巨大的差异。但是我认为，一所大学出版社应该真正维护严格的出版标准，尽量不出版那些在证据结构上有巨大缺陷的图书。同时我认为每隔一段时间在不隐瞒其推测性的前提下出版一些推测性的作品也是一个重要的目标。"关于出版教师学位论文的问题，史景迁说："有时候博士学位论文会是一本好书"，值得出版。

尽管人们讨论的是大学出版社功能的变化以及图书馆长期订单销售额的持续下降，但如今笼罩在每一家大学出版社之上的乌云却是电子出版在决定未来项目方面所扮演的角色。当我和唐纳蒂契讨论耶鲁大学出版社的未来发展时，话锋不可避免地转向他是否设想过由耶鲁大学社推出一本完全数字化的图书，而不仅仅是那种纸质图书的电子版。他说："我想我们最终会这么做，但我认为更大的可能是精装书发行很短的一段时间，数字图书长期销售。"耶鲁大学出版社参与了一项实验性项目，就是为"珀尔修斯项目"（Perseus Project）出版一套光盘。这套光盘收录了塔夫茨大学的一个学者团队收集的原始资料和图表，由格雷戈里·克雷恩（Gregory Crane）负责编辑指导。1991年，该项目第一期成果"珀尔修斯1.0：互动资源与古希腊研究"出版。1996年，"珀尔修斯2.0"出版，其内容量大约是"珀尔修斯1.0"的四倍多。此后的两个新版只有线上版本。

许多大学出版社也都在尝试和开发"纯数字化"出版项目中发挥了积极作用。所谓"纯数字化"是指著作最初出版时就不是纸质图书，而是以0和1二进制数据呈现的数字图书。哥伦比亚大学出版社是诸多走在这方面探索前沿的出版机构之一。1999年，该社创立了古登堡电子书图书馆（Gutenberg-e），在一个开放网站上发表出版社与美国历史协会合作制作的学术著作，截至2007年，该项目已经出版20种图书。在美国学术团体协会的协调下，哥伦比亚大学启动了"电子出版计划"项目（Electronic Publishing Initiative），项目的部分资金来自梅隆基金会（Andrew W. Mellon Foundation）。梅隆基金会出资300万美元资助创立"历史电子书项目"（History E-Book Project）。加利福尼亚大学、哈佛大学、约翰斯·霍普金斯大学、麻省理工学院、密歇根大学、纽约大学、北卡罗来纳大学、牛津大学和罗格斯大学等九所大学的出版社也积极参与其中。与此同时，1996年因资金短缺完全停止运营的莱斯大学出版社（Rice University Press）2006年宣布恢复运营，并将成为美国的"第一家全数字化学术出版社"。莱斯大学校长戴维·勒布朗（David Leebron）预言，此举将为"学者们提供一个解决方案，特别是那些人文学科的学者，他们常常会受限于大学出版社的匮乏"。

在耶鲁大学，2008年1月，梅隆基金会宣布捐赠130万美元主要用于斯大林私人档案文献的数字化，这也是共产主义编年史系列图书的衍生品。它将为世界各地的学者提供主要的原始资料和档案文件。该项目的部分工作是开发软件,作者和研究者可使用该软件对档案文献资料进行在线转录、翻译和注释,而无须在莫斯科查阅文献原件。预计到 2012 年,这一庞大档案馆所藏的所有文件的完全电子版将被公开发布在互联网上。

美国标志系列、为何重要系列以及数字化项目等所有这些新项目都考虑到了出版社要灵活运营的需求。唐纳蒂契说:"我们是一家具有多重功能的出版社,需要在各种不同的环境下运转,我认为这一点开始得到尊重。"除了在商业图书领域构建多个系列,他还希望打造一些能在学术领域有所建树的项目。当我第一次和唐纳蒂契谈及这一前景时,已有两个系列处于最后规划阶段。它们分别是类似于耶鲁青年诗人系列的耶鲁戏剧系列(Yale Drama Series),以及旨在寻找重要的非英语文学作品并将其翻译成英文出版的文学世界共和国系列(World Republic of Letters Series)。这两个出版项目都在等待启动所必备的元素——数量可观外部资金。现在两个项目都有了明确的捐助者,但是还需要解决一些细节问题。截至 2007 年年中,这两个项目都已被启动,进展顺利。

围绕耶鲁戏剧系列举办的剧本大赛由耶鲁大学出版社和耶鲁大学保留剧院(Yale Repertory Theatre)联合主办,并得到戴维·查尔斯·霍恩基金会(David Charles Horn Foundation)100 万美元的资助。基金会是弗朗辛·霍恩(Francine Horn)为纪念已故的丈夫于 2005 年设立的。大卫·霍恩是《到处》杂志(*Here and There*)的出版人兼 CEO,这是一本关注时尚行业,并发表行业预测报告的专业杂志。剧本大赛的想法是由约翰·库尔卡(John Kulka)向弗朗辛·霍恩建议的,获奖的作品将由耶鲁大学出版社出版,耶鲁大学保留剧院将举办剧本朗诵会,此外,获奖者还可获得 1 万美元的奖金。2001—2007 年,约翰·库尔卡任耶鲁大学出版社高级编辑,现任哈佛大学出版社资深执行总编。2006 年库尔卡和我交谈时,赛事的各项筹备工作进展顺利,面向参赛者的参赛指南正在制定中,三次荣获普利策奖的剧作家爱德华·阿尔比(Edward Albee)同意在比赛的头两年担任评委。库尔卡向我回顾了他是如何推进这个项目的。

库尔卡说:"有一天我突然接到一个电话,一个当时我不认识的女士问我:'你能用 100 万美元做些什么?'然后她告诉我,她希望能帮助那些有抱负的作家,以此来纪念她的丈夫。我说:'请让我考虑一下,我给您写一个书面方案。'出于一些原因,我一直都想在戏剧艺术领域做些事情。因为在我看来,戏剧艺术并未真正被视为美国文学文化的一个部分,我不知道这是为什么。这很奇怪。我认为美国人通常不看剧本。此外,剧作家并没有真正被作家群体接纳。现在他们几乎处于文学文化的边缘。因此,我认为这是一个绝佳的机会,可以以这种有意义的方式来解决这个问题。而耶鲁青年诗人系列已经成为一个值得依赖的成功典型。我把这个想法告诉了霍恩太太,她总共花了三天时间做出决定。"

尽管耶鲁戏剧系列是以耶鲁青年诗人系列为原型而发起的,但两项赛事之间依然有很大的不同。提交参赛作品、渴望成名的诗人必须是美国公民,而且年龄不得超过 40 岁。而戏剧比赛则没有参赛年龄的限制,面向任何国籍、渴望成为剧作家的选手开放。这样,2007 年 4 月 26 日在纽约林肯中心举行的颁奖典礼上,爱德华·阿尔比向一位来自都柏林的爱尔兰人颁发了首届大卫·C. 霍恩奖(David C. Horn Prize)。获奖者是一位退休的临床心理学家。约翰·奥斯汀·康诺利(John Austin Connolly)的剧作《暹罗男孩》(The Boys from Siam)从 500 部参赛作品中脱颖而出,作品改编自"暹罗双胞胎"的故事,以昌·邦克(Chang Bunker)和恩·邦克(Eng Bunker)的生活为原型。这对连体双胞胎终生都由胸部的软骨组织连接在一起。该剧作的大部分故事情节都发生在 1874 年,也就是二人在 62 岁去世的那一天。阿尔比还公布了两位排名亚军的剧作家的作品:科林·麦肯纳(Colin McKenna)的《树木的秘密议程》(*The Secret Agenda of Trees*),拉扎尔·西摩·西克斯(Lazarre Seymour Simckes)的《公开排练》(*Open Rehearsal*)。

耶鲁大学出版社最近出版的另一个系列的文学图书就是注释版莎士比亚作品系列,2003年该系列启动后,迄今已出版14种莎士比亚戏剧作品,均为平装本,单本售价6.95美元。该系列由美国路易斯安那大学拉斐特分校人文艺术杰出荣休教授和英语荣休教授伯顿·拉夫尔(Burton Raffel)编辑和注释,每一部戏剧作品都收入了耶鲁大学人文斯特林讲席教授哈罗德·布鲁姆撰写的后记。拉夫尔和许多商业出版社及学术出版社合作,出版了多种图书,其中不少是和耶鲁大学出版社合作出版的。在和我的谈话中,他表示他看到耶鲁大学出版社近年来"在极力克服学术界在自身与外部世界之间设置的屏障",并对这一趋势表示高度赞扬。拉夫尔称,对于注释版莎士比亚作品系列,他的设想是要为莎士比亚作品提供注释性文字,以此来解释"每一个那些我认为本科生可能不理解的词汇"。拉夫尔说,约翰·库尔卡对这套书的设想是:"做一个可以在高中教学中运用的系列,我高兴听到这已经成为现实"。2003年,注释版莎士比亚系列的第一本部作品《哈姆雷特》出版,迄今为止已售出3万册。次年出版的注释版《罗密欧与朱丽叶》截至2007年底已售出2.5万册。

当被问及从2003年担任耶鲁大学出版社社长以来最骄人的成就时,唐纳蒂契特别指出了两个成功事例。他说:"令我感到骄傲的是,我来到这家能够给人灵感的出版社之后,在过去5年——一个风云变幻、经济低迷的时期,实现了43%的增长率。这种爆发性的增长为耶鲁大学出版社奠定了坚实的组织基础,使我们得以成为美国最大的只出版图书的大学出版社。"

另一项成就是创立了塞西尔和西奥多·玛格洛斯文学世界共和国系列(Cecile and Theodore Margellos World Republic of

Letters Series），这是他筹划多年的一个出版项目。2007 年，这个项目启动，其中多部图书已约稿，并将在 2008 年出版，以纪念耶鲁大学出版社创办 100 周年。唐纳蒂契说，该项目不仅填补了美国出版业的空白，而且也表明，在"一个杰出捐赠者"的帮助下，这种文化协同效应可以结出诸多硕果。在这个案例中，这对捐助者夫妇投入 300 万美元成立了一个基金会，基金会将负责翻译、出版来自欧洲、拉丁美洲、非洲、亚洲和中东地区的文学小说、诗歌、戏剧、纯文学（belles-lettres）以及哲学等各类作品。这样，英语国家的读者就能读到这些具有美感和重要价值的作品。唐纳蒂契说："我们提出了建议，一切就这样顺理成章地实现了。塞西尔·英格利斯·玛格洛斯（Cecile Inglessis Margellos）本人就是一位文学翻译家和批评家，非常清楚翻译的艺术和挑战。因此，这个项目对她的家庭有着特别的吸引力。"

西奥多·玛格洛斯（Theodore Margellos）是私募股权集团 Ilta 集团的总经理兼联合创始人。他的女儿伊利奥拉·玛格洛斯（Iliodora Margellos）是耶鲁 2006 届的本科毕业生。他们在宣布设立玛格洛斯文学世界共和国系列项目时说，他们"深信巴别塔是一种祝福，因为每一种语言都揭示了无限世界另一番景象。我们最大的愿望就是通过出色的翻译工作将这些不同的景象融合在一起"。该项目签约的第一批图书有：残雪的《五香街》（*Five Spice Street*），这是中国当代的一部独特小说；意大利著名诗人翁贝托·萨巴作品的新译《歌集：翁贝托·萨巴诗选》（*Songbook：The Selected Poems of Umberto Saba*）；出生在叙利亚的著名诗人和散文家阿多尼斯的《阿多尼斯诗选》（*The Selected Poems of Adonis*）以及希腊诗人琪琪·迪莫拉（Kiki Dimoula）的诗歌选集。其中，受聘担任该系列编辑顾问的专家有：意大利中世纪研究专家、符号学家兼小说家翁贝托·艾柯（Umberto Eco），美国第 15 届桂冠诗人查尔斯·西米克（Charles Simic），土耳其诺贝尔文学奖得主、小说家费利特·奥尔罕·帕慕克(Ferit Orhan Pamuk),诺贝尔奖得主埃利·威塞尔(Elie Wiesel)。

　　"推动我开展这一项目的部分原因是翻译作品只占今天美国所有出版物的 2%,"唐纳蒂契说,"这个系列书的宏伟目标在于帮助扭转文学翻译的颓势,这种状况相当于一种进一步隔离我们的文化的虚拟审查制度。这也为耶鲁大学出版社提供了为世界文化发展做出实质性贡献的另一种途径。对我来说,这实现了我的职业理想,我希望这一遗产能比我活得更长久。"他高兴地宣布了另一个新的出版项目——犹太人物系列(Jewish Lives),这是耶鲁大学出版社和莱昂·D. 布莱克基金会(Leon D. Black Foundation)合作出版的当代人物传记系列。和为何重要系列书的理念类似,这个系列也是给有趣的作者匹配有趣的主题。该系列即将出版的图书有:索尔·弗里德兰德(Saul Friedlander)的《卡夫卡》(*Kafka*)、罗伯特·戈特利布(Robert Gottlieb)的《莎拉·伯恩哈特》(*Sarah Bernhardt*)、大卫·塞萨拉尼(David Cesarani)的《迪斯雷利》(*Disraeli*)、罗恩·罗森鲍姆(Ron Rosenbaum)的《鲍勃·迪伦》(*Dylan*)以及杰克·迈尔斯(Jack Miles)的《拉希》(*Rashi*)。

　　唐纳蒂契说,他的另一个目标是让耶鲁大学社能够通过多样化和广泛化的数字媒体渠道,管理并提供"我们的传统内容"。他所称的"传统内容",就是"耶鲁大学出版社创办百年来出版的所有图书"。与此相关并且正在进行的一项工作就是创建一个平台,让耶鲁大学出版社能够独立出版电子出版物。他说:"斯大林档案是这个项目最重要的一个部分,但这个项目也能够为耶鲁《圣经》系列(Anchor Yale Bible)提供一个理想的平台,该系列收入数百种《圣经》研究的经典著作,是耶鲁大学出版社 2007 年从道布尔戴出版社(Doubleday)购买的。这个数字平台还将承载以数字和多媒体增值形式出版的中世纪手稿项目、双语版的玛格洛斯翻译作品、有'真人朗诵'功能的数字诗歌档案馆,甚至有一天还将开设一个实时互动的学术博客。"

唐纳蒂契表示,尽管花了大量的时间来"捍卫印刷书籍的美丽和不可替代的传统",但他对出版社将发展成"一种数字研究中心"——委托第三方制作原始文献的电子版供学术界探索和评论——这一前景表示欢迎。"数字研究中心可提供《圣经》的在线数字索引,也可以让用户在线查阅那些易损坏的中世纪手稿——配有评论、教学法、可缩放的插图、简明释义和音乐示例等,这样的前景让我激动万分,"他说,"发现可能带来新的研究和教学方式的传媒技术,并成为实施这些技术的先锋,这十分令人振奋。我认为这些与我们的使命是一致的,没有什么能比这些更好地让耶鲁大学出版社在过去一百年的主张和成就的基础上进一步成长。"

耶鲁百年精品图书

　　以下收录了耶鲁大学出版社 1908 年以来出版的许多畅销图书、获奖图书和开创性作品。每一种图书都有该书的最早出版年份、书名和作者等信息。至于获奖图书总目录，请访问耶鲁大学出版社网站：www. yalebooks. com/awards。

1913

The Framing of the Constitution of the United States
MAX FARRAND

1921

The Nature of the Judicial Process
BENJAMIN N. CARDOZO

1922

An Introduction to the Philosophy of Law
ROSCOE POUND

1934

The Colonial Period of American History：*The Settlements*，Volume 1
CHARLES M. ANDREWS
Winner of the 1935 Pulitzer Prize in History

A Common Faith
JOHN DEWEY

1938

Psychology and Religion
CARL GUSTAV JUNG

1940

Daily Life in Ancient Rome：*The People and the City at the Height of the Empire*
JÉRÔME CARCOPINO；edited and annotated by HENRY T. ROSWELL；translated by E. O. LORIMER

1941

God and Philosophy
ÉTIENNE GILSON

1944

An Essay on Man : An Introduction to a Philosophy of Human Culture
ERNST CASSIRER

1949

The Meaning of Evolution : A Study of the History of Life and of Its Significance for Man
GEORGE GAYLORD SIMPSON

1950

The American Mind : An Interpretation of American Thought and Character since the 1880's
HENRY STEELE COMMAGER

Psychoanalysis and Religion
ERICH FROMM

The Lonely Crowd : A Study of the Changing American Character
DAVID RIESMAN in collaboration with REUEL DENNEY and NATHAN GLAZER

1952

The Courage to Be
PAUL TILLICH

1953

The Making of the Middle Ages
R. W. SOUTHERN

1954

Way to Wisdom : An Introduction to Philosophy
KARL JASPERS; translated by RALPH MANHEIM

1955

*Becoming : Basic Considerations for a Psychology
of Personality*
GORDON W. ALLPORT

*The Shingle Style and the Stick Style : Architectural
Theory and Design from Richardson to the Origins of Wright*
VINCENT J. SCULLY, JR.

1956

On Painting

LEON BATTISTA ALBERTI; translated with introduction and notes by JOHN R. SPENCER

Long Day's Journey into Night
EUGENE O'NEILL
Winner of the 1957 Pulitzer Prize in Drama

1958

The Computer and the Brain
JOHN VON NEUMANN

1961

Who Governs? Democracy and Power in an American City
ROBERT A. DAHL

Poems
ALAN DUGAN
Winner of the 1962 Pulitzer Prize and National Book Award in Poetry

1962

Mankind Evolving: The Evolution of the Human Species
THEODOSIUS DOBZHANSKY

Beginning Japanese: Part 1
ELEANOR   HARZ   JORDEN   and   HAMAKO
ITO CHAPLIN

The Shape of Time: *Remarks on the History of Things*
GEORGE KUBLER

1964

The Autobiography of Benjamin Franklin
BENJAMIN FRANKLIN; edited by LEONARD W. LA-
BAREE, RALPH L. KETCHAM, HELEN C. BOAT-
FIELD, and HELENE H. FINEMAN

The Morality of Law
LON L. FULLER

1965

Man Adapting
RENÉ DUBOS

1966

Arms and Influence
THOMAS C. SCHELLING

1967

Wilderness and the American Mind
RODERICK NASH

Pigs for the Ancestors: *Ritual in the Ecology of a New Guinea People*
ROY A. RAPPAPORT

1968

Political Order in Changing Societies
SAMUEL P. HUNTINGTON

1971

Interaction of Color
Text of the original edition with selected plates
JOSEF ALBERS

1972

A Religious History of the American People
SYDNEY E. AHLSTROM
Winner of the 1973 National Book Award in Philosophy/Religion

The Children of Pride: *Selected Letters of the Family*

of the Rev. Dr. Charles Colcock Jones from the Years 1860 – 1868

ROBERT MANSON MYERS

Winner of the 1973 National Book Award in History

1973

The Formation of Islamic Art

OLEG GRABAR

Field Guide

ROBERT HASS

Yale Series of Younger Poets

1974

Congress: The Electoral Connection

DAVID R. MAYHEW

1977

The Bonds of Womanhood: "Woman's Sphere" in New England, 1780 – 1835

NANCY F. COTT

1978

The Origins of Knowledge and Imagination

JACOB BRONOWSKI; foreword by S. E. LURIA

Life in the English Country House: A Social and Architectural History
MARK GIROUARD

1979

The Madwoman in the Attic: The Woman Writer and the Nineteenth-Century Literary Imagination
SANDRA M. GILBERT and SUSAN GUBAR

Sexual Harassment of Working Women: A Case of Sex Discrimination
CATHARINE A. MACKINNON; foreword by THOMAS I. EMERSON

1980

The Limewood Sculptors of Renaissance Germany
MICHAEL BAXANDALL

Patrons and Painters: A Study in the Relations between Italian Art and Society in the Age of the Baroque, Revised and enlarged edition
FRANCIS HASKELL

1981

The Paintings and Drawings of William Blake

MARTIN BUTLIN
Published for the Paul Mellon Centre for Studies in British
Art

Mary Chesnuts' Civil War
MARY CHESNUT; edited by C. VANN WOODWARD
Winner of the 1982 Pulitzer Prize in History

Rhyme's Reason: *A Guide to English Verse*
JOHN HOLLANDER

Roots of Revolution: *An Interpretive History of Modern Iran*
NIKKI R. KEDDIE; with a section by YANN RICHARD
(The current edition is titled *Modern Iran*: *Roots and Results of Revolution*)

1982

The Rise and Decline of Nations: *Economic Growth,
Stagflation, and Social Rigidities*
MANCUR OLSON

1983

The First Urban Christians: *The Social World of the Apostle Paul*
WAYNE A. MEEKS

1984

The Chronicle of the Lodz Ghetto，1941 – 1944
LUCJAN DOBROSZYCKI

Chivalry
MAURICE KEEN

1985

Painters and Public Life in Eighteenth-Century Paris
THOMAS E. CROW

The Treasure Houses of Britain：*Five Hundred Years
of Private Patronage and Art Collecting*
Edited by GERVASE JACKSON-STOPS
Copublished with the National Gallery of Art，Washing-
ton

Jesus through the Centuries：*His Place in the History of
Culture*
JAROSLAV PELIKAN

Paul Rand：*A Designer's Art*
PAUL RAND

文字的世界：耶鲁出版史

1986

Art and Beauty in the Middle Ages
UMBERTO ECO; translated by HUGH BREDIN

Monet : Nature into Art
JOHN HOUSE

The Shaping of America : A Geographical Perspective
on 500 *Years of History*
Volume 1: *Atlantic America* , 1492 – 1800
D. W. MEINIG

1987

French in Action : A Beginning Course in Language
and Culture
PIERRE CAPRETZ; with contributions by BÉATRICE
ABETTI and MARIE-ODILE GERMAIN; foreword by LAU-
RENCE WYLIE

1988

Impressionism : Art , Leisure , and Parisian Society
ROBERT L. HERBERT

1989

Monet in the '90s: The Series Paintings
PAUL HAYES TUCKER

1990

Sexual Personae: Art and Decadence from Nefertiti to Emily Dickinson
CAMILLE PAGLIA

A History of South Africa
LEONARD THOMPSON

1991

Holocaust Testimonies: The Ruins of Memory
LAWRENCE L. LANGER
Winner of the 1991 National Book Critics Circle Award in Criticism

1992

Britons: Forging the Nation, 1707 - 1837
LINDA COLLEY

The Stripping of the Altars: Traditional Religion in England, c. 1400 - c. 1580

EAMON DUFFY

1993

Opera in America: A Cultural History
JOHN DIZIKES
Winner of the 1993 National Book Critics Circle Award in
Criticism

1995

The Encyclopedia of New York City
Edited by KENNETH T. JACKSON
Copublished with the New-York Historical Society

The Secret World of American Communism
HARVEY KLEHR, JOHN EARL HAYNES, AND
FRIDRIKH IGOREVICH FIRSOV; Russian documents
translated by TIMOTHY D. SERGAY
Annals of Communism series

1996

Thomas Cranmer: A Life
DIARMAID MACCULLOCH

1998

Belief in God in an Age of Science

JOHN POLKINGHORNE

Seeing Like a State: *How Certain Schemes to Improve the Human Condition Have Failed*
JAMES C. SCOTT

The Gentleman's Daughter: *Women's Lives in Georgian England*
AMANDA VICKERY

1999

Unearthing the Past: *Archaeology and Aesthetics in the Making of Renaissance Culture*
LEONARD BARKAN

Farewell to an Idea: *Episodes from a History of Modernism*
T. J. CLARK

Five Days in London, *May* 1940
JOHN LUKACS

Web Style Guide: *Basic Design Principles for Creating Web Sites*
PATRICK J. LYNCH AND SARAH HORTON

2000

Introduction to Metaphysics
MARTIN HEIDEGGER; new translation by GREGORY
FRIED and RICHARD POLT

*Taliban: Militant Islam, Oil and Fundamentalism in
Central Asia*
AHMED RASHID

2001

Lichens of North America
IRWIN M. BRODO, SYLVIA DURAN SHARNOFF,
and STEPHEN SHARNOFF; with selected drawings by SU-
SAN LAURIE-BOURQUE; foreword by PETER RAVEN
Published in collaboration with the Canadian Museum
of Nature

*Narrative of the Life of Frederick Douglass, an Ameri-
can Slave: Written by Himself*
FREDERICK DOUGLASS; edited by JOHN W. BLASS-
INGAME, JOHN R. MCKIVIGAN, and PETER P.
HINKS; GERALD FULKERSON, textual editor; JAMES
H. COOK, VICTORIA C. GRUBER, and C. JANE HOL-
TAN, editorial assistants

The Holocaust Encyclopedia

Edited by WALTER LAQUEUR; JUDITH TYDOR BAUMEL, associate editor

Utopia
THOMAS MORE; a new translation with an introduction by CLARENCE H. MILLER

2002

Benjamin Franklin
EDMUND S. MORGAN

One World : The Ethics of Globalization
PETER SINGER

2003

Jonathan Edwards : A Life
GEORGE M. MARSDEN
Winner of the 2004 Bancroft Prize

Inventing a Nation : Washington , Adams , Jefferson
GORE VIDAL

The Spirit of Early Christian Thought : Seeking the Face of God
ROBERT LOUIS WILKEN

2004

The Artist's Reality : Philosophies of Art
MARK ROTHKO; edited and with an introduction by
CHRISTOPHER ROTHKO

American Judaism : A History
JONATHAN D. SARNA

*Red Sky at Morning : America and the Crisis of the
Global Environment*
JAMES GUSTAVE SPETH

Why Globalization Works
MARTIN WOLF

2005

Dwelling Place : A Plantation Epic
ERSKINE CLARKE
Winner of the 2006 Bancroft Prize

A Little History of the World
E. H. GOMBRICH; translated by CAROLINE MUS-
TILL; illustrated by CLIFFORD HARPER

2006

Empires of the Atlantic World : Britain and Spain in America, 1492 - 1830

J. H. ELLIOTT

Winner of the 2007 Francis Parkman Prize awarded by the Society of American Historians

The Yale Book of Quotations

Edited by FRED R. SHAPIRO; foreword by JOSEPH EPSTEIN

2007

Stuart Davis : A Catalogue Raisonne

Edited by ANI BOYAJIAN and MARK RUTKOSKI; with essays by WILLIAM C. AGEE and KAREN WILKIN

Published in association with the Yale University Art Gallery

Stanley : The Impossible Life of Africa's Greatest Explorer

TIM JEAL

Winner of the 2007 National Book Critics Circle Award in Biography

系列、版本和博物馆出版伙伴

1908 年以来，耶鲁大学出版社出版的杰出学术出版物包括：The Yale Edition of Horace Walpole's Correspondence (first volume published 1937); Yale Judaica Series (1948); The Works of Jonathan Edwards (1957); The Yale Edition of the Works of Samuel Johnson (1958); The Papers of Benjamin Franklin (1959); Complete Prose Works of John Milton (1953); The Yale Edition of the Complete Works of St. Thomas More (1963); and The Frederick Douglass Papers (1982)。

耶鲁大学出版社也出版了很多系列。以下为部分最古老、最新和最著名的系列：Yale Studies in English (first volume published in 1908); Storrs Lectures (1911); Silliman Memorial Lectures on Science (1912); The Yale Shakespeare (1917); Chronicles of America (1919); Yale Series of Younger Poets (1919); Terry Lectures (1925); Yale Publications in the History of Art (1939); Yale Paperbounds (1959); Lamar Series in Western History (formerly the Yale Western Americana series, 1962); Yale Fastbacks (1970); The Psychoanalytic Study of the Child (1976); Yale University Press Pelican History of Art (1988); Rethinking the Western Tradition (1994); Annals of Communism (1995); Pevsner Architectural Guides (1995); The Culture & Civilization of China (1997); Icons of America (2003); Annotated Shakespeare (2003); Yale University Press Health & Wellness (2004); Why X Matters (2006); Anchor Yale Bible (2008); Cecile and Theodore Margellos World Republic of Letters (2008); The Yale

Drama Series（2008）。请访问耶鲁大学出版社网站（yale-books. com)的"系列与版本"版块（Series and Editions）获取更多有关系列及版本的信息。

　　耶鲁大学出版社还和多家优秀的博物馆合作出版重要而精美的图书。截至 2008 年，耶鲁大学出版社的独家出版伙伴包括 Addison Gallery of American Art；The Art Institute of Chicago；Bard Graduate Center；The Sterling and Francine Clark Art Institute；Dallas Museum of Art；Harvard University Art Museums；The Japan Society；The Jewish Museum；Kimbell Art Museum；The Menil Collection；The Museum of Fine Arts，Houston；The Metropolitan Museum of Art；National Gallery，London；National Gallery of Art，Center for Advanced Study in the Visual Arts；Paul Mellon Centre for Studies in British Art；Philadelphia Museum of Art；Princeton University Art Museum；Whitney Museum of American Art；Yale Center for British Art；and Yale University Art Gallery。如需获取更多关于耶鲁大学出版社出版物及出版合作伙伴的信息，请访问 yalebooks. com/art。

译 后 记

　　最早引起我注意的国外出版社是荷兰的"Brill"出版社（"博睿"中文译名近年才有）。三十多年前，正值在南京大学历史系元史研究室学习期间，研究室有许多中外文献，其中就有博睿多卷本《伊斯兰百科全书》(*The Encyclopedia of Islam*)。封面上博睿的标识，让人印象深刻。

　　毕业后到出版社从事编辑工作，更多关注国外出版社。上世纪 90 年代中期，美国驻华使馆文化处向我所在的出版社赠送了一年的英文《出版商周刊》(*Publishers Weekly*)，社里无人阅读，我成了该刊唯一的读者。《出版商周刊》创办于 19 世纪中期，虽然是美国出版，但编者关注的却是世界出版业，特别是欧美出版业。一年的"阅历"让我对国外出版社有了更多认识。

　　1994 年起，开始参加每届"北京国际图书博览会"(BIBF)，直到十几年后离开出版社。上世纪 90 年代，中国经济蓬勃向上，出版业规模虽远不及今天，但欧美出版集团看好中国市场，他们会在每届北京图书博览会上布置宏大展区，展示最新图书。因此也有幸见识了那些知名出版社和他们的图书。

　　后来调入大学任教，阅读了更多国外出版史文献，更为关注国外出版社及其发展历史。几年前，个人申请的牛津大学学术出版课题获国家社科立项。在此前后，相继翻译了《文字的世界：耶鲁出版史》、《博睿出版史》和《加州大学出版史》等三部国外学术出版史。

大学出版社最早起源于英国,今天的牛津和剑桥大学出版社是历史最悠久的大学社。直到 19 世纪末,约翰·霍普金斯等大学才成立了美国第一批大学出版社。1908 年,耶鲁大学出版社成立,尽管使用耶鲁大学出版社的名称,与耶鲁保持着密切联系,且致力于学术出版,但它却是一家独立经营的私营公司。直到 1961 年,才正式成为耶鲁大学的一个部门,完全纳入大学的管理之下。此后,耶鲁社很快成长为一家"卓越"的大学出版社。

　　在长期的实践中,耶鲁大学出版社形成了一套能够应对市场变化而又相对稳定的出版机制,如选题决策、社长选聘、学术出版、规模适度等管理制度。耶鲁大学出版社出版什么书,不是社长、总编说了算,而由出版委员会来决定。委员会由耶鲁大学各专业知名教授组成,史学家史景迁(Jonathan Spence)就担任了数十年的出版委员。委员会定期开会,讨论选题及书稿,根据书稿匿名评审意见及其学术价值做出是否出版的决策;出版委员会坚持书稿质量优先。2000 年以来,耶鲁社保持年均出版320 种图书的适度规模,如 2007 年仅出版 253 种精装书和 85 种平装书。许多图书多次重印,成为经典。耶鲁大学在全美公开选聘有管理经验的业界人士担任社长,每五年续聘一次。1979 年迄今,耶鲁社仅聘用两位社长,每位任职近 20 年。

　　耶鲁社致力于学术出版,资金主要来自大学收到的捐赠。1979—2002 年约翰·雷登社长主政期间,耶鲁大学每个部门都能分享一定比例的捐赠份额,出版社分享了"其中很大的份额",这些钱主要用于图书出版,以"实现盈亏平衡"。近年来耶鲁社也开始转型,不但出版学术图书,也涉足教科书和大众图书,还开发长销书和重点书,其收入再投入学术出版,以此来保证高水平的学术出版。

　　国内大学出版社当下面临着图书市场竞争加剧,出版规模日趋扩大,学术图书质量有待提高等问题。耶鲁大学出版社致力于学术出版,出版过许多经典著作,在学术出版领域积累深厚。耶鲁大学出版社是美国大学出版社的一个代表，这些大学出版社的学术出版历史，特别是在应对激烈的市场竞争中逐步形成和完善的学术出版机制颇值得国内同行借鉴。

译稿完成后，很快就被南京大学出版社接受，南京大学出版研究院杨金荣教授将其纳入"海外学术出版史译丛"中。杨金荣教授视域开阔，近年策划出版多种史学名著。在他的积极努力下，南大社购买了版权，最终本书得以顺利出版。在翻译和改稿期间，我们一直保持着密切联系，诸多问题得以解决。在此谨向杨金荣教授致谢，也向责任编辑邵逸女士表示诚挚感谢。我所在的西北政法大学新闻传播学院也对本书的翻译和出版也提供了诸多支持和帮助，在此表示感谢。

《文字的世界：耶鲁出版史》的作者尼古拉斯·A. 巴斯贝恩（Nicholas A. Basbanes）是美国出版史研究领域的知名学者，著述颇丰，多种著作都在国内翻译出版。因《文字的世界：耶鲁出版史》涉及内容广泛，曾多次向他发邮件请教。虽然先生年事已高，但都很快回复邮件，并详细解答每个问题。在此谨向巴斯贝恩先生致谢。

我校编辑专业毕业生谌磊（南京大学信息管理学院 21 级博士生）好学上进，完成了《文字的世界：耶鲁出版史》第一章四万字的初稿翻译，并在人名翻译方面也提供帮助，在此表示感谢。

《文字的世界：耶鲁出版史》时间跨度长，涉及人物、事件和图书多，翻译难度大，为准确转达原书内容，尽力查阅各种资料，并对部分人物或事件加以简要注解，以方便读者阅读。考虑到或有读者对耶鲁图书感兴趣，因此，在作者和书名后都括注了英文人名和书名，以方便读者查找原书。尽管尽了最大的努力，但限于本人学力，译文难免会有错漏，敬请读者批评指正。

王立平

2021 年 9 月 19 日

本书作者简介

尼古拉斯 A. 巴斯贝恩,1943 年生于美国马萨诸塞州,曾任海军军官、记者和文学编辑。其著作《文雅的疯狂》(1999 年)被《纽约时报》评为年度最佳图书,作者也一跃成为知名专栏作家,被誉为"关于书之书的权威作者"。作品《为了书籍的人:坚忍与刚毅之一》、《永恒的图书馆:坚忍与刚毅之二》、《文雅的疯狂:藏书家、书痴以及对书的永恒之爱》等均已译为中文出版。此外,他还出版了《文字的辉煌》(*A Splendor of Letters*,2004)、《读者有其书》(*Every Book Its Reader*,2005)、《版本及印次》(*Editions & Impressions*,2007)、《文字的世界》(*A World of Letters*,2008)、《关于作者》(*About the Author*,2010)等多种出版史方面的图书。

本书译者简介

王立平,西北政法大学新闻传播学院编辑出版系教授,历史学硕士(1991 年南京大学历史系),2000－2002 年在罗马尼亚公派留学。曾在出版社从事多年图书编辑工作,翻译出版《赫鲁晓夫的冷战》等历史著作,主持完成国家社科基金项目"西北地区的公益出版发展模式研究",主要从事国外出版史研究。